William Penn, Ed. P. (Edmund Philip) Bridel

Fruits de l'amour d'un pére, ou avis de Guillaume Penn a ses enfans

William Penn, Ed. P. (Edmund Philip) Bridel

Fruits de l'amour d'un pére, ou avis de Guillaume Penn a ses enfans

ISBN/EAN: 9783741141614

Manufactured in Europe, USA, Canada, Australia, Japa

Cover: Foto ©Thomas Meinert / pixelio.de

Manufactured and distributed by brebook publishing software
(www.brebook.com)

William Penn, Ed. P. (Edmund Philip) Bridel

Fruits de l'amour d'un pére, ou avis de Guillaume Penn a ses enfans

F R U I T S

DE

L'AMOUR D'UN PÈRE,

ou AVIS DE

GUILLAUME PENN

A SES ENFANS,

TOUCHANT LEUR CONDUITE TANT EN
MATIERE CIVILE, QU'EN MATIERE
DE RELIGION.

Nouvellement traduit de l'Anglois
PAR EDd. P. BRIDEL.

LONDRES.

DE L'IMPRIMERIE DE
JAQUES PHILLIPS, GEORGE-YARD,
LOMBARD-STREET.
ET SE TROUVE A PARIS
CHEZ LE GRAS, QUAI DE CONTI.

MDCCXC.

FRUITS

DE

L'AMOUR ·D'UN PERE.

✤ ·o···o·✤·o··◆··✤

CHAP. I.

MES CHERS ENFANS,

Sect. I. NE pouvant favoir fi Dieu me permettra de refter encore longtems parmi vous, je ne veux pas remettre plus tard à vous donner les confeils que

A

je crois qui vous font nécessaires pour vous servir de regle dans votre conduite, et vous engager à remplir vos devoirs tant en qualité de citoyens que de Chrétiens. Et comme votre père, je vous prie et vous commande au nom de l'amitié que je vous porte, et que je puis dire qui a été réciproque de votre part, de les conserver soigneusement et religieusement dans vos cœurs et dans vos âmes.

Sect. 2. Je commence par ce que est si bien nommé le commencement de la sagesse et du bonheur, savoir la crainte de Dieu.

Craignez Dieu, mes enfans ; c'est-à-dire conservez dans vos cœurs cette sainte terreur qui fait qu'on redoute le mal, et qu'on embraffe le bien avec ardeur. La pierre de touche pour savoir si vous poffédez cette fcience et fi vous remplissez ce devoir, c'est la Lumière de Jéfus-Chrift dans vos confciences ; au moyen de laquelle, felon Jean, chap. iii, 20, 21. vous pouvez voir clairement fi vos actions, et même fi vos paroles et vos penfées, font felon Dieu ou non ; car ce font les œuvres de votre âme pour lefquelles vous ferez jugés. Or avec cette Lumière divine de Jéfus-Chrift dans vos confciences vous pouvez vous-mêmes juger vos penfées, vos paroles et vos actions, et vous former une idée jufte et bien fondée de vos devoirs envers Dieu, et envers les hommes. Si vous fuivez cette divine Lumière et la conviction qui l'accompagne, elle vous conduira hors des voyes obfcures et corrompues du monde, pour entrer dans la voye du Seigneur, qui mène à la vie : alors renonçant à vous-mêmes vous deviendrez fes véritables difciples ; vous porterez votre croix pour l'amour de lui comme il a porté la fienne pour l'amour de vous ; vous deviendrez enfans de Lumière, et cette Lumière

sera pour vous une sainte armure,
au moyen de laquelle vous pourrez
voir et parer les darts enflammés
de Satan, résister à ses tentations, et
repousser tous ses assauts.

Sect. 3. Il faut que je vous ex-
plique un peu ce principe. Il est
apellé lumière Jean i. 9. iii, 19, 20,
21. et viii. 12. Eph. v 8. 13, 14.
1 Thess. v. 5. 1 Epit. de Jean i. 5, 6,
7. Apoc. xxi. 23. parcequ'elle fait
voir à l'homme son péché.   Il est
aussi apellé l'Esprit vivifiant, car
c'est le nom qui lui est donné; et
le Seigneur qui vient du ciel, comme
on le voit, 1 Cor. xv. 45. qui est
nommé, et se nomme lui-même, la
lumière du monde, Jean viii. 12.
Et pourquoi est-il apellé esprit?
Parcequ'il donne à l'homme la vie
spirituelle; et suivant Jean, xvi. 8.
Jésus-Christ a promis d'envoyer son
Esprit pour qu'il convainque le
monde de ses péchés, c'est pourquoi ce qui vous convainc, vous et

tous les hommes de leurs péchés,
est donc l'esprit de Jéfus - Chrift.
Voyez quels éloges lui font donnés
dans l'épître aux Rom. viii. vous
verrez dans ce grand et admirable
chapître que c'eft lui qui conduit
les enfans de Dieu : c'eft lui qui ré-
vèle les chofes de Dieu, qui font
néceffaires pour le falut et la féli-
cité de l'homme, comme on le voit
dans la 1 epit. aux Cor. ii. 10, 11,
12. Il eft les arrhes que Dieu donne
à fon peuple, 2 Cor. v. 5. C'eft là
le but de la venue de Chrift, et le
grand avantage qui devoit en ré-
fulter; c'eft-à-dire que nous devions
voir fa lumière et recevoir fon
efprit. Non, ceux là ne reçoivent
point Chrift, qui ferment les yeux
à fa lumière, et qui réfiftent à fon
efprit, quand il veut pénétrer dans
leurs cœurs ; et ceux qui fe ré-
voltent contre fa lumière ne peuvent
efpérer de reffentir les bons effets de
fa naiffance, de fa vie, de fa mort,

de fa réfurrection, de fon intercef-
fion, &c. Dieu nous a envoyé fon
fils, pour nous fauver, en nous tirant
de la voie du péché ; c'eft pourquoi
tenez vous fur vos gardes contre le
péché, qui vous ecartera de la voie
de Dieu ; et quand vous verrez que
vous aurez péché dans quelque
chofe, prenez garde d'y retomber.
Mais, mes chers enfans, ne craignez
pas moins de penfer le mal, que de
le faire ou de le dire ; fans quoi il
vous fera abandonner les voies de
Dieu votre Créateur, et de Chrift,
qu'il a envoyé pour vous racheter,
et qui fauve fon peuple de fes péchés,
Tit. ii. 14. et non pas dans fes
péchés, Act. ii et Hebr. viii ; et il
apparoîtra que la difpenfation Chré-
tienne, eft celle de l'efprit, que le
péché détruit, contre lequel il en-
durcit le cœur, et lui en ferme l'-
entrée.   Ce divin principe eft auffi
apellé grace, Tit. ii. 11, 12. où
vous verrez quelle eft fa nature, fon

office, et ses effets divins fur ceux
qui étoient enseignés par lui dans
les premiers tems du Christianisme.
Et pourquoi l'apelle-t-on grace ?
Parcequ'il nous eft envoyé par l'-
amour de Dieu, (non à caufe de
notre mérite) par fa bonté et fon
indulgence, " Et il a tant aimé le
monde, qu'il a envoyé fons fils uni-
que fur la terre, afin, que quiconque
croiroit en lui fût fauvé et jouît de
la vie éternelle," Jean iii. 16 et c'eft
ce fils divin de qui Jean dit, i. 14.
16. quil eft " plein de grace et de
vérité ;" et que de fa grace nous
" recevons grace pour grace;" c'eft-
à-dire, que nous recevons de lui,
en qui habite toute plénitude, la
mefure de grace qui nous convient.
Et le Seigneur dit à Paul dans fes
grandes épreuves, lorfqu'il étoit fur
le point de révoquer en doute, fi la
grace qu'il avoit reçue étoit fuffifante
pour fa délivrance, " Ma grace te
" fuffit," 2 Cor. xii. 9. O mes en-

fans ! aimez la grace, écoutez la grace ; elle vous enseignera, vous sanctifiera, vous conduira au séjour de repos, au royaume de Dieu, comme elle a enseigné les faints des premiers tems ; premièrement, ce à quoi ils devoient " renoncer ; fa- " voir, à l'impiété, et aux mon- daines convoitises ;" et enfuite ce qu'ils devoient faire, c'eft-à-dire " vivre dans ce prefent fiècle, fo- brement, juftement et religieufe- ment ;" Tit. ii. 11, 12. Et celui qui eft plein de grace, eft plein de lumière, et celui qui eft plein de lumière eft l'efprit vivifiant " qui manifefte fon efprit à tous pour qu'ils en profitent," 1 Cor. xii. 7. Et celui qui eft l'efprit vivifiant eft la verité. " Je fuis la voie, la verité, et la vie," dit-il à fes pauvres dif- ciples, Jean xiv. 6. " Et fi la veri- té vous affranchit," dit il aux Juifs, " alors vous ferez vraiment libres," Jean viii. 32. 36. Et cette vérité

fe communique à l'homme, et engendre la vérité au dedans de lui ;
et fait de l'homme faux rébelle et
hypocrite, un homme vrai à Dieu.
La verité au dedans de l'homme eft
d'un grand prix devant Dieu. Et
pourquoi l'apelle-t-on Vérité ? Parcequ'elle fait voir à l'homme la verité de fon état fpirituel ; elle lui
fait voir fon état au jufte, lui parle
ouvertement, et lui met fous les
yeux fes péchés en ordre. De forte,
mes chers enfans, que la Lumière,
l'Efprit, la Grace, et la Vérité, ne
font qu'un même principe, auquel
on applique différens mots ou noms
pour répréfenter le pouvoir eternel,
le principe divin qui eft en vous,
fans être de vous, mais qui eft de
Dieu, ainfi qu'il s'eft manifefté, ou
qu'il a opéré, dans les ferviteurs de
Dieu dans l'ancien tems : Lumière
pour découvrir et donner le dif-
cernement : Efprit pour animer et
vivifier : Grace, c'eft-à-dire, le fruit

de l'amour de Dieu pour nous : Vérité, parcequ'elle fait voir à l'-
homme fon véritable état, et le ra-
mène de fon égarement : de forte
que comme ténébres, mort, péché,
et erreur, ne font qu'une même
chofe ; de même Lumière, Efprit,
Grace, et Vérité, n'en font qu'une.

4 Sect. Voilà ce que Chrift a
apporté fur la terre : tout homme et
toute femme en reçoit une por-
tion fuffifante pour fe conduire.
Et ce qui diftingue les AMIS de
toutes autres fociétés, c'eft qu'ils
fuivent cette même voie, qui les
éloigne des vains honneurs, des com-
plimens, des défirs, et des plaifirs de
ce monde. O mes chers enfans! c'eft
là la perle de prix ; défaites vous de
tout pour l'obtenir, et quand vous
l'aurez ne vous en défaites jamais
quand ce feroit pour obtenir le
monde entier. C'eft là le levain
de l'évangile, qui doit vous renouveller, c'eft-à-dire, qui doit fanctifier

votre corps, votre âme, et votre
efprit, et vous rendre propres pour
l'ufage et le fervice de Dieu, votre
père célefte, et pour votre bonheur
éternel. Oui, c'eft-là la femence
divine et incorruptible du royaume
des cieux, qui régénère véritablement les hommes et les femmes, et
en fait des Chrétiens felon le cœur de
Chrift. Recevez la dans vos cœurs,
faites lui place, afin qu'elle y prenne
racine, et alors vous ferez fertiles
devant Dieu, en bonnes paroles et
en bonnes actions. Selon que vous
ferez attention à fa lumière, et à
fes mouvemens, vous apprendrez
à difcerner l'efprit du monde foit
dans les autres, foit chez vous, fous
quelque forme qu'il paroiffe ; à connoître fes mouvemens, fes tentations,
et les pièges qu'il tend pour exciter à
gueil, à la vanité, à l'avarice, à la
vengeance, à l'impureté, à l'hypo-
crifie, et à toutes fortes de mauvaifes œuvres : par elle vous pour-

rez juger le monde, et l'efprit du monde fous toutes fes différentes formes ; vous verrez, ainfi que moi, qu'il-y-a bien des chofes auxquelles il faut renoncer, qu'il-y en a beaucoup à fouffrir, et beaucoup qu'il faut faire ; vous verrez, qu'il n'y-a ni pouvoir ni vertu que dans la Lumière, l'Efprit, la Grace, et la Vérité de Chrift, pour vous diriger dans ce monde, par la voie qui conduit à la gloire de Dieu, et à votre bonheur éternel. Vous diftinguerez dans la religion ce qui vient du ciel, et ce qui a pris fa fource fur la terre ; ce qui eft l'ouvrage de Dieu, et ce qui a été inventé et ordonné par les hommes ; et dans le miniftère ce qui eft de l'efprit et de la grace de Dieu, et ce qui vient de l'imagination et de la fabrique de l'homme, et n'a été ordonné que par l'homme ; vous diftinguerez l'origine, la nature, les fignes, et les fruits du vrai miniftère, d'avec ceux du faux ; vous diftinguerez dans le

culte, ce qui vient de la chair ; quel
honneur vient de Dieu, et quel eft
cet honneur qui vient d'ici bas, des
hommes, de ces hommes dégénérés,
que les Juifs et le monde en général aiment tant, et dont parle Jean v.
44. vous diftinguerez les mauvaifes
et vaines compagnies qui corrom-
pent les bonnes mœurs ; les tentations auxquelles trop de compagnie
et d'affaires expofent, et furtout le
danger de lier amitié avec ce monde
dépravé où nous vivons. Vous
verrez que le témoignage que
le tout-puiffant a donné à nos
pauvres amis ; quant à la religion,
au culte, et à la vérité dans leurs
difcours ; quant au miniftère divin ;
à la fimplicité et la modération dans
leurs vêtemens, leurs meubles, leur
nouriture, leur manière de s'a-
border et que vous pouvez lire dans
leurs ecrits, dès le commencement;
eft un témoignage vraiment célefte
de fa volonté, de fes œuvres, et des

faveurs qu'il a faites au monde dans
ce dernier fiècle ; où nous voyons fe
renouveller les tems de la primitive
églife. Et votre père plein d'affection pour vous, prie Dieu de vous
conferver dans cet état heureux ;
et vous recommande d'être fur vos
gardes, pour ne point abandonner
la foi et l'obfervation de ce faint témoignage ; regardez donc comme
une grande grace de la part de Dieu,
et un honneur pour vous, d'être
defcendus de parens, qui n'ont
point cru trop faire, en quittant
les chofes les plus chères, et qui ont
tout fait et enduré, pour fe rendre
agréables à Dieu, et pour perpétuer
parmi leur pofterité le témoignage
de leur amour pour fa précieufe
verité dans l'intérieur. Je vous
recommande auffi, mes chers enfans, de bien garder le fouvenir des
dignes anciens, qui ont travaillé à
la vigne du Seigneur, lefquels vous
avez connu, et dont la mémoire vous

eft encore préfente ; et furtout de cet
homme de Dieu, ce prince d'Ifrael,
le premier-né de ceux qui ont été
dans ce fiècle régénérés à la Grace
et à la Verité, le grand et le premier inftrument que Dieu s'eft
choifi parmi nous, GEORGE FOX.
Gardez furtout le fouvenir de tout
ce que vous avez oui dire, vu, et
obfervé, de ces faints perfonnages,
et de leur fageffe, de leur zèle, de
leur amour, de leurs travaux, de
leurs fouffrances, et de la tendreffe
particulière qu'ils vous ont montrée, afin que vos enfans le con-
fervent après vous ; faites leur part
de tout ce que vous avez appris,
vu, et connu, des ferviteurs de
Dieu, et du progrès de fon œuvre;
pour que confervant parmi eux cette
tradition édifiante, ils s'attachent à
fuivre ces faints éxemples. Et furtout, ne perdez point l'habitude de
vous affembler avec le peuple de
Dieu comme quelques-uns avoient

coutume de faire autrefois, coutume
que quelques-uns fuivent encore,
Heb. x. 25. furtout avec les jeunes
gens et ceux des enfans de nos amis
chez qui l'amour du monde auroit
nui à l'amour de Dieu, et de la verité,
et les auroit refroidis. Mais furtout
affiftez éxactement aux affemblées
qui fe font, foit pour adorer Dieu,
ou pour régler les affaires de l'é-
glife, quand vous en aurez l'âge et
la capacité ; et que ce ne foit point
à caufe de la nouveauté, pour avoir
l'air réguliers, ou pour être vus des
autres hommes ; mais pour fatisfaire
votre confcience, par pure crainte et
par amour de Dieu votre Créateur, et
pour vous acquitter de votre devoir
et lui rendre vos hommages pu-
bliquement ; et vous aurez foin de
donner bon éxemple en venant à
tems vous y comportant d'une manière ferieufe et dévote pendant l'af-
femblée. Ne vous y ennuyez point
et ne trouvez point le tems trop long

pas finie, comme il y en avoit dans l'ancien tems, qui trouvoient le fabat trop long. Mais que vos yeux foient fixés fur celui, que vous venez y fervir, et adorer ; et en rendant vos hommages, fongez que c'eft à lui que vous les rendez, et il fera votre rafraichiffement et votre récompenfe. Car vous en fortirez avec le figne et le gage de fon amour, de fa miféricorde, et de fa bénédiction.

Sect. 5 Je vous recommande furtout, mes chers enfans, par rapport à votre communion et à votre fociété avec nos amis, de bien conferver l'unité de la foi dans le lien de la paix. Gardez - vous des detracteurs, de ceux, qui médifent et parlent en arrière de leurs frères, pour les déprécier et les ruiner ; et qui méprifent le bon ordre de la vérité fi utile pour conferver la paix, la douceur, et l'honneur, dans l'églife. Défiez vous des innovations, et des gens légers et changeans, prévénus en leur faveur, prêts à cenfurer les autres, et pleins de vanité; qui enfin fe font toujours trouvés n'être que des nuages fans pluie, et des puits fans eau; qui aiment mieux troubler la paix et la fociété de l'églife à laquelle ils appartiennent, que de ne pas voir les chofes fe faire felon leur volonté et à leur manière. Je vous recommande, par la crainte du Dieu vivant, de vous garder de ces fortes des gens; remarquez les bien, dit l'apôtre, Rom. xvi. 17. et n'ayez aucun liaifon avec eux; fi ce n'eft pour leur donner des avis, les exhorter, les prier de changer, et enfin les réprimander, Eph. v. 11. Car Dieu eft, et fera avec fon peuple, dans cette fainte difpenfation, qui fubfifte et fubfiftera jufqu'à la fin : qui s'augmentera et recevra de jour en jour une plus grande abondance de dons, de graces, de pouvoir, et de gloire; car c'eft la dernière et celle qui doit être permanente : heureux, fi vos yeux la voyent, que vos oreilles l'entendent, et que vos cœurs la comprennent. Et je prie Dieu, que cela foit pour fa gloire et votre bonheur éternel.

Sect. 6. D'après ce que je viens de vous dire, mes chers enfans, fur les chofes du royaume de Dieu, et de fa vérité, je n'ai plus qu'à vous confeiller de confulter fa Lumière, fa Grace, fon Efprit, et fa Vérité qui eft en vous ; et les faintes écritures qui font la vérité au dehors de vous, lef- quelles j'ai toujours aimé à lire dès ma jeuneffe, qui m'ont eté d'une grande utilité ; je vous recommande de les lire tous les jours ; furtout l'Ancien Teftament pour l'hiftoire, les Pfeaumes pour en faire le fujet de vos méditations et de votre dé- votion, les Prophétes pour entretenir chez vous l'efpérance et la confola- tion ; mais furtout le Nouveau Tef- tament pour la doctrine, la foi, et le culte ; car elles nous ont été données a

différentes époques, par des hommes
faints, fuivant qu'ils étoient mus
par le Saint Efprit ; et font la décla-
ration et révelation de la volonté et
des commandemens du Dieu Très
Saint aux hommes fuivant différentes
inftitutions ; et elles font certaine-
ment capables de perfectionner par
la foi l'homme de Dieu, pour fon
falut ; étant un témoignage clair et
véritable du falut qui eft de Dieu
par le moyen de Jéfus-Chrift le fecond Adam, la lumière du monde,
l'efprit vivifiant, qui eft plein d'efprit et de vérité ; dont la Lumière,
la Grace, l'Efprit et la Vérité rendent
témoignage aux écritures en toute
âme fenfible, de même que celles-
ci rendent fouvent témoignage fo-
lemnellement à la Lumière, à l'Efprit, à la Grace, et à la Verité, tant
en lui-même, qu'en fon peuple, et à
fon peuple, et à fa fanctification, fa
juftification, fa redemption, et fa
confolation ; et en tous les hommes,

en les vifitant, leur reprochant
leur voies criminelles et les en con-
vainquant : je le répéte donc après
m'être ainfi expliqué, mes chers enfans, je vous renvoye à la Lumière
et à l'Efprit de Jéfus qui eft en vous,
et aux Ecritures qui font la lumière
au dehors de vous, et à tels autres
témoignages que l'on a rendu de nos
jours à cette même vérité éternelle ;
et je vais maintenant entrer dans
les détails, afin que vous puiffiez
mieux faire l'application de ce que
j'ai dit en général, pour votre conduite, tant civile que religieufe du-
rant votre pélerinage fur la terre.

✤ ⚬ ⚬ ✤ ⚬ ⚬ ✤

C H A P. II.

Sect. 1 En traitant de l'emploi
du tems je commencerai, comme
cela eft naturel par le matin. Sitôt
que vous vous éveillez rentrez en

vous mêmes, et mettant de côté toutes idées et penfées terreftres, attendez vous à Dieu, afin que vous puiffiez fentir fa préfence divine, et qu'elle elève vos cœurs jufqu' à lui; enfin mettez vous entièrement fous fa fainte garde et fa protection. Alors fi vous vous portez bien levez vous fur le champ; quand vous ferez habillés, lifez un ou plufieurs chapitres de l'écriture, et enfuite préparez vous à vaquer à vos occupations. ne perdant jamais de vue que Dieu eft préfent, et voit toutes vos penfées, vos paroles, et vos actions; comportez vous en conféquence, mes chers enfans, et ne foyez jamais fi hardis, que de faire en fa fainte préfence, ce que vous auriez honte qu'un homme, ou même un enfant vous vît faire. Et quand vos affaires vous laifferont un moment de relâche, prenez plaifir à vous retirer en efprit, à penfer en vous-mêmes et à demeurer tranquilles;

et comme le difoit Nabuchodonofor,
dans une autre occafion, vous trouverez en vous mêmes, en quelque
façon, " le fils de Dieu;" et en
jouirez dans vos âmes: tréfor qui
eft inconnu au monde, mais qui eft
le but et la couronne des enfans
de Dieu. C'eft là ce qui vous dé-
fendra contre les tentations, et vous
fera tranfiger vos affaires le long de
la journée, fans humeur et même
avec plaifir; qui vous rendra les
accidens plus fupportables, et vous
rendra plus modeftes dans le fuccès,
et dans la profperité. Le foir venu,
lifez encore les écritures, et rentrez
un moment en vous-mêmes, avant de
prendre votre repos, de même que
le matin en vous éveillant; de forte
que vous puiffiez dire chaque jour
de votre vie, que Dieu eft pour
vous l'Alpha et l'Oméga. Et fi
par la Grace de Dieu vous avez
famille, rapellez vous la réfolution
du bon Jofué, Jof. xxiv. 15. " Mais

pour moi et ma maifon, nous fer-
virons l'Eternel."

Sect. 2. Craignez Dieu, et faites
le voir en vos défirs, en vous abfte-
nant de faire le mal, et fefant le bien.
Soyez toujours fur vos gardes ; que
votre âme foit toujours pure, et
votre cœur léger ; en tout ce que
vous faites prêtez l'oreille à la voix
du fentiment intérieur. Quand vous
lifez l'écriture, prenez note, dans
un livre fait pour cela, des paffages
les plus remarquables, fuivant que
vous en ferez touchés et affeclés ;
et avec le fens ou l'expliquation
qui vous frappera en les lifant : car
ces chofes ne viennent point à force
d'étudier, et ne dépendent point de
notre volonté, non plus que les écritures ; et on peut les perdre de vue
faute de foin, ou même parceque
d'autres penfées ou nos affaires,
nous les feroient oublier : faites
la même chofe toutefois que vous
lirez quelque livre bon et utile,

mais il vaut mieux lire moins et
méditer davantage. Car l'efprit
de l'homme, connoît les chofes
de l'homme, et avec cet efprit en
obfervant les caractères et les actions des hommes que vous voyez dans le monde, étudiant votre
propre efprit, en fefant le fujet de
votre méditation, vous apprendrez
à fonder le cœur humain, et à en
former un jugement fondé. Car
vous vous tromperez rarement dans
vos conjectures fur les affaires hu-
maines, quand vous les formerez
fur ce qui peut, et fur ce qui doit
arriver, et fur ce qui eft le plus pro-
bable; d'ailleurs, vous avez un
autre efprit, fort au defius de l'efprit
humain, dont vous vous fervirez
dans le befoin, pour former un jugement fur les matières importantes.

Sect. 3. En converfation faites
bien attention aux paroles et aux
actions des autres, et ne décou-
vrez point vos fentimens; ou au
moins, foyez les derniers à le

faire ; et que ce foit avec autant
de difcrétion que l'objet pourra le
permettre. En obfervant les perfon-
nes et les chofes, et en réflechiffant
fur les unes et les autres, on acquiert la fageffe : ce font là deux
grands tréfors de fcience dont on
fait rarement ufage. L'abeille in-
duftrieufe tire fon miel de toutes
fortes de fleurs. Soyez toujours fur
vos gardes, mais furtout en compagnie; foyez toute attention, et tenez vous fur la défenfive : parlez
peu, parlez les derniers, mais que
le peu que vous direz foit à propos :
n'interrompez perfonne, ne coupez
la parole à perfonne, lifez Prov. x.
8. 13. et xvii. 27. " Soyez prompts
à écouter, lents à parler." " Cela
donne le tems de comprendre, et
de preparer une bonne réponfe."
Ne vous attachez pas aux paroles,
mais à l'objet que vous traitez, et
furtout exprimez vous pertinem-
ment et clairement. La vraie élo-
quence eft la plus fimple, et une des

meilleures qualités dans le difcours
eft la briéveté ; s'entend, quand
on y joint la clarté, de forte qu'en
parlant de manière que tout le
monde vous entende, vous le faffiez
en auffi peu de mots, que l'objet en
queftion le permettra.

Seƈt. 4. Donnez la préférence
aux gens âgés, vertueux, et in-
ftruits, pour en faire votre compagnie ; et recherchez l'amitié des
gens les plus parfaits, mais ne méprifez pas les autres.

Seƈt. 5. Si l'on vous parle avec
colère, ne repondez point à moins
que ce ne foit avec beaucoup de
douceur, ce qui eft fouvent un moyen
de l'appaifer : mais permettez vous
rarement des répliques, et encore
moins des réparties, car cela ne fait
qu'attifer le feu. Quand votre adverfaire eft en colère, ce n'eft pas
là le moment de vous juftifier, car
alors il n'eft pas en état de vous
rendre juftice. Ce n'eft plus lui-

même, il ne peut fe connoître. Op-
pofez le filence à la colère, à la pre-
vention, et à là moquerie; et fouvent vous l'emporterez, tandis que
votre réfiftance ne feroit qu'empirer
les chofes.

Sect. 6. Enfeignez à vos enfans
à bien écrire, faites leur apprendre
les parties plus utiles des mathé-
matiques, et donnez leur un état,
ou un métier, tandis qu'ils font
jeunes, quoique ce foit qu'ils ap-
prennent d'ailleurs.

Sect. 7. Voyez à quoi fe monte
votre revenu, et arrangez vous à
n'en dépenfer que la moitié, qu'un
tiers, s'il eft poffible ; et gardez
le refte pour remédier aux accidens,
qui peuvent vous arriver, pour faire
des charités, et établir vos enfans.

Sect. 8. Soyez fimples mais
propres dans vos vêtemens, vos
meubles, et votre nourriture ; tenez
vous à ce qu'il y a de plus groffier,
c'eft le mieux : il y a folie à aller

plus loin, et c'eſt ſ'expoſer à la tentation du luxe. C'eſt pourquoi ne craignez rien tant après le péché, que la delicateſſe et l'élégance ſur vous, et dans vos maiſons ; car ſi ce n'eſt pas un mal en ſoimême, au moins eſt-ce une tentation, et que l'on peut le regarder comme la ſemence du péché.

Seſt. 9. Evitez tous différens ; et s'il en eſt que vous ne puiſſiez éviter, rapportez vous en au jugement de quelqu'un ; tenez vous en ſtrictement à ce qui aura été décidé, et ſans murmurer, Prov. xviii, 17, 18 ; xxv, 8 ; Math, v, 38, juſqu'au 41 ; 1 Cor, i, 10, juſqu au i 3 ; c'eſt un bon conſeil.

Seſt. 10. Rétréciſſez autant que vous pourrez le cercle de vos affaires, mais avec méthode et proportion, ſoit pour le tems ou à tous autres egards.

Seſt. 11 Ayez peu de connoiſſances, et encore moins d'amis intimes, et foyez délicats dans votre choix.

Sect. 12. Gardez vos fecrets, et ne cherchez point à favoir ceux des autres ; mais fi on vous en confie, ne les révélez jamais à moins qu'ils ne foient nuifibles à d'autres ; et même dans ce cas là ne le faites point fans auparavant tâcher de perfuader celui qui vous les a confiés, de fe défifter de fon mauvais deffein, Prov. xi. 13. et xxv. 9, 10.

Sect. 13. Ne mettez perfonne dans le fecret de votre intérêt principal: et dans ce genre ne demandez point aux autres de vous confier le leur.

Sect. 14. Ne prenez pas beaucoup de réfolutions ; mais quand vous en prendrez, gardez les ftrictement.

Sect. 15. Donnez toujours la préférence aux anciens et aux étrangers; quand il s'agit des commodi-

tés et des honneurs de la vie, foyez
plutôt les derniers que les premiers
à les rechercher; et toujours les
premiers à pratiquer toutes les vertus.

Sect. 16 Gardez vous de faire
dépendre le fuccès de vos affaires
d'une dernière reffource, car c'eft
rifquer le tout pour le tout; ce qui
n'eft pas moins imprudent que de
bâtir fur le bord d'un précipice.
La fageffe fait prendre fon tems pour
être en avance; et nous apprend à
faire choix des meilleurs moyens à
tems; battez donc le fer pendant
qu'il eft chaud. Mais fi vous man-
quez une bonne occafion, voici la
différence; il faut moins de précaution, mais plus de refolution et
d'induftrie pour réparer votre faute.

Sect. 17 Surtout, fouvenez-vous
de votre Créateur; penfez à vous-
mêmes et à vos familles, quand
vous en aurez, tandis que vous ferez
encore jeunes; car les méthodes

utiles dont vous aurez pris l'habitude, feront pour vous une fource de bonheur et d'aifance dans la fuite. Chaque âge eft fujet à de certains défauts ; ceux de la jeuneffe, et de l'âge viril, font le plaifir et l'ambition ; celui de la vieilleffe, eft l'avarice; mais rapellez vous que l'homme eft efclave, dès qu'un de ces défauts s'empare de fon âme. Gardez vous de la convoitife de la chair, de la convoitife des yeux, et de l'orgueil de la vie, 1 Jean ii. 15, 16, 17. qui ne font pas de Dieu, mais de ce monde. Afpirez, mes chers enfans, à des objets plus nobles et plus élevés pour votre part immortelle, et ne vous attachez point à des chofes qui font hors de vous ; car alors vous ne feriez plus à portée de jouir vraiment et librement d'autres objets bien préférables è ceux là ; pas plus qu'un homme qui eft en efclavage à Algers, ne jouit dans de fa maifon et de fa famille à

ondres. Soyez libres, vivez re-
irés chez vous; c'eſt-à-dire en vous
nêmes; et là vous découvrirez des
réſors plus eſtimables que ceux des
ndes. La pompe, les honneurs,
t le luxe ne ſont que des piéges,
où les gens inconſidérés et ceux qui
enſent peu ſe laiſſent prendre;
nais l'homme rétiré eſt en quelque
açon placé ſur une éminence, d'ou
l peut appercevoir le piège et s'en
arder, mépriſer la folie, et plaindre
e malheur de ceux qui y tombent.
Ce fut ſurement cette réflexion qui
roduiſit chez Démocrite et chez
Héraclite, les deux plus grands Gen-
ils de leur tems, deux effets ſi con-
raires; ſavoir que le premier ne
ouvoir s'empêcher de rire, et l'au-
re de pleurer, en voyant l'homme
ette créature excellente et raiſon-
ble, s'adonner à des occupations ſi
iles et ſi dignes d'un eſclave.

Sect. 18. Dans le choix d'un mé-
ier, préférez ceux qui ſont d'inven-

C

tion divine, plutôt que ceux qui font de l'invention des hommes; Adam étoit jardinier, Caïn cultivoit la terre, et Abel fut berger. L'origine de ces trois métiers est auffi ancienne que celle du monde, ils font les moins dangéreux et les plus utiles. Du moment que Caïn devint meurtrier, comme l'a* obfervé un homme d'efprit, il fe mit à bâtir des villes, et abandonna l'agriculture. Les autres métiers et arts méchaniques, font auffi louables; mais ce n'eft qu'une feconde efpèce, et les autres font toujours les premiers. Si vous n'étes point occupé aux œuvres de la Grace, donnez votre tems à la nature et aux arts; mais dans ces derniers, évitez la curiofité, car on y employe fouvent bien de tems en pure perte. J'ai vu un plafond, qui avoit couté autant que la moitié

---

* Cowley, dans fes ouvrages fur l'agriculture.

de la maiſon; je trouve que c'eſt une folie et un péché.

Seƈt. 19. N'ayez qu'un petit nombre de livres, mais choiſiſſez les bien, et liſez les à fond, tant ceux qui traitent de matières civiles, que ceux qui traitent de matièrcs religieuſes. Evitez les opinions hazardées; et en fait de ſcience ainſi qu'en fait de religion, jugez toujours par la pratique; ramenez tout à ce point-là, alors vous ſerez ſûrs d'en tircr avantage; toute théorie ſans pratique n'eſt qu'un appas et un piège. Et en vérité, s'adonner à lire beaucoup de livres, c'eſt s'ôter le tems de méditer. Que vos cœurs, la nature, les aƈtions et la conduite des hommes, ſoient le livre où vous lirez ſans ceſſe; c'eſt-là la vraie ſageſſe humaine. L'eſprit de l'homme connoît les choſes de l'homme, et l'on acquiert des connoiſſances plus ſolides en méditant et en réflechiſ-

fant profondément, qu'en lifant ;
trop lire, répand en quelque façon
une fumée dans notre ame, qui en
offufque la lumière naturelle : c'eft
pourquoi l'on voit dans le monde
tant de favans qui n'ont pas le fens
commun.

Sect. 20. Ne faites point ce que
vous blâmez chez les aûtres. Ne
faites point aux aûtres, ce que vous
ne voudriez pas que les autres vous
fiffent. Mais furtout, ne faites point
en la préfence de Dieu, ce que vous
ne voudriez pas faire en celle d'un
homme.

Sect. 21. Et afin que vous puiffiez faire toutes vos affaires d'une
manière qui vous foit avantageufe,
faites différentes portions de la journée ; tant d'heures pour la retraite
et pour fervir Dieu ; tant pour vos
affaires, (et quand à vos affaires,
fouvenez vous de toujours faire la
première, celle qui doit paffer la première) ; et tant pour vous-même :

foit que vous les employiez à l'étude,
à la promenade, à faire des vifites
&c. Soyez les premiers à embraf-
fer ce plan, et faites le favoir à vos
amis; et par-là vous vous fauverez
bien des importunités et des inter-
ruptions, et vous épargnerez un tems
confidérable, qu'il eſt furprenant de
voir perdre, comme on le fait. Afin
d'être plus éxacts, car c'eſt là le
grand point, tenez un petit journal
de votre tems; quand chaque jour ne
prendroit qu'une ligne, vous y trouverez un grand avantage.

Sect. 22. Soyez exacts à frequen-
ter les affemblées du peuple deDieu;
et là attendez vous diligemment, a-
fin que vos cœurs y reçoivent l'efprit
célefte. C'eſt ce que vous devez
rechercher, plutôt que les paroles
des miniſtres, et vous y trouverez
votre profit. Surtout que vos regards foient toujours tournés vers
le Seigneur, mais ne méprifez au-

cun inftrument dont il lui plaira de
fe fervir, foit homme ou femme,
jeune ou vieux, riche ou pauvre, fa-
vant ou ignorant.

Sect. 23. Evitez ceux qui ne font
jamais contens, fi ce n'eft pour leur
faire voir leur tort ou les reprendre.
Ayez en horreur la detraction, c'eft
le péché des mauvais anges, et des
pires d'entre les hommes déchus.

Sect. 24 Excufez les fautes d'autrui, avouez les vôtres, et pardonnez
celles qui ont été commifes contre
vous, comme vous défirez que votre
père et juge célefte vous pardonne
les vôtres. Vide Prov. xvii. 9. et
Math. vi. 14, 15. Jéfus-Chrift s'-
attache furtout à ce paffage de la
prière, et ne ceffe de répéter le pardon des injures : le précepte le plus
difficile pour l'homme, qui cependant en a plus befoin que toutes les
autres créatures.

Sect. 25. Obéiffez à la voix de la
nature ; aimez vous les uns les autres

et souvenez-vous que, suivant l'apôtre, 2 Tim, iii, 3, une des marques
de l'apoftafie, c'eft de manquer de
de cette affection naturelle, que l'on
fe doit les uns aux autres. Je vous
recommande donc de veiller à ce
que le tems n'affoibliffe point chez
vous les liens de la nature ; il peut
faire oublier la parenté, fuivant la
coutume, mais c'eft une mauvaife
coutume ; c'eft pourquoi ne la fuivez
pas ; c'eft de nos jours une grande
faute dans les familles : prenez y
donc garde, et fuyez cette indifférence qui offenfe la nature. De-
meurez auffi près les uns des autres
qu'il vous fera poffible, rendez-vous
fouvent des vifites, écrivez vous encore plus fouvent, communiquez-
vous de bon cœur ce que vous avez à
proportion de ce que vous recevrez
de la bonté du Créateur ; ne foyez
point ferrés, amaffant en cachéte les
uns des autres, comme fi vous n'a-

viez aucuns droits les uns sur les autres, et que vous ne defcendifliez pas des père et mère les plus tendres.

Sect. 26. Ce que j'écris ici eft auffi bien pour vos enfans, (fi Dieu vous fait la grace d'en avoir) que pour vous ; et s'il s'en trouvoit quelqu'un qui fut prodigue, que fa folie ne vous ferve pas de prétexte pour être dur ou ferré à fon égard, et l'expofer par là à faire pis. Mais montrez plutôt que vous avez un bon cœur en agiffant comme l'apôtre Jean † fit avec le jeune homme qui étoit tombé en mauvaife compagnie, et que par douceur il tira du mauvais chemin ; d'après l'exemple de celui, qui fait luire le foleil et tomber la pluie pour tous.

Sect. 27. Aimez le filence, même au dedans de vous-mêmes ; car les penfées troublent la paix de l'âme, comme les paroles, celle du corps ; trop parler et trop penfer épuife ;

† Eufeb. Ecc. Hift. Lib. iii. Cap. xxiii.

et comme il eſt rare qu'on ne péche
pas en parlant beaucoup, il eſt difficile de ne pas pécher en penſant
beaucoup. Le vrai ſilence eſt le
repos de l'âme, il la fortifie et la ra-
fraichit, comme le ſommeil fait le
corps. C'eſt une grande qualité
qui cache la folie, garde les ſecrets,
évite les diſputes, et garantit du péché. Vide Job xiii. 5. Prov. v. 19.
xii. 13. xiii. 3. xvii. 28. xviii. 6, 7.

Sect. 28. La ſageſſe des nations
eſt renfermée dans leurs proverbes
qui ſont laconiques et énergiques ;
recueillez les et les apprenez, ce ſont
de bonnes leçons et des directions u-
tiles dans le cours de la vie ; ils di-
ſent beaucoup en peu de mots ; é-
pargnent la peine de beaucoup parler ; et dans bien des cas, ſont la
réponſe la plus propre, la plus ſig-
nificative, et la plus ſûre qu'on puiſſe
faire aux gens.

Sect. 29. Ne vous mêlez jamais
des affaires d'autrui, et encore moins

des affaires publiques ; au moins ne
vous mêlez des affaires de particu-
liers, que ſi vous en étes requis par
quelqu'une des parties intéreſſées, et
dans ce cas-là faites le avec la plus
grande précaution, et la plus grande
droiture. Ne vous mêlez des affaires
d'état que quand vous y ſerez apel-
lés par le Seigneur, pour rendre témoignage à ſon nom et à la vérité :
vous rapellant cet ancien proverbe,
ſi bon et ſi vrai, « Bene qui latuit,
bene vixit, » Celui-là mène une vie
heureuſe, qui mène une vie privée
et cachée ; car il vit en repos. Ce
repos eſt un tréſor pour ceux qui le
poſſédent : cherchez le, trouvez le,
et quand vous l'aurez, gardez le ; il
y en a tant qui pourroient ſe le procurer, et qui ne le font pas ; le
monde n'en connoît pas le prix. Il
double la vie de l'homme, en lui
laiſſant deux fois plus de tems que
n'en ont ceux qui ont tant de connoiſſances, ou d'affaires.

Sect. 30 Ne foyez point aifés à
fàcher, n'ouvrez point votre âme au
reffentiment, c'eft une paffion dan-
géreufe à laquelle on eft naturellement trop enclin; foyez plutôt prêts
à pardonner, qu'à vous venger ; la
fageffe vous le confeille, et la religion Chretienne vous l'ordonne. Car
la douceur raccommode tout; et fouvent une oppofition brufque ne fait
qu'empirer les querelles et la vengeance, qui rarement connoît des
bornes, et commet fouvent de plus
grandes fautes que celles qu'elle
veut réparer : l'on a vu des gens
pouffer fi loin le reffentiment d'une
injure qu'ils avoient reçue, qu'ils fe
font rendus plus coupables que l'a-
greffeur même ; de forte que par leur
colère inconfidérée, ils ont tellement
agi contre leur intérêts, qu'ils ont
perdu l'avantage qu'ils avoient fur
leur adverfaire, et ont non feulement
perdu les droits qu'ils avoient fur

lui, mais lui en ont même donné fur eux.

Sect. 31. Ne vous réjouissez point du malheur d'autrui, quand même ce seroit votre ennemi, Prov. xvii. 5. xxiv. 17.

Sect. 32. Ne portez envie à personne. Car c'est Dieu qui nous fait riches ou pauvres, grands ou petits, forts ou foibles, Pseau. xxxvii. 1. Prov. iii. 31. xxiii. 17. xxiv. 1. Jean. cvii. 40, 41.

Sect. 33. Ne soyez point intraitables. N'aggravez jamais les choses, ne maltraitez point des paroles, ne dites point d'injures ; la politesse et la religion le défendent. Souvenez-vous de ce passage de Math. v. 22. où il est dit, ‘‘Que celui qui dit à son frère, fou, sera punissable par la gehenne du feu. ’’

Sect. 34. Ne soyez ni chagrins ni suffisans ; l'un est grossier, l'autre est à charge et infipide.

Sect. 35. Evitez les queſtions et les querelles; cela annonce un caractère trop entreprennant et tracaſſier.

Sect. 36. Ne croyez point les bruits qui ſont fondés ſur des conjectures; et n'en répandez point, qui puiſſent nuire à votre prochain. Vide Exod. xxiii. 1. Pſeau. xv. 3.

Sect. 37 Gardez-vous de la jalouſie, à moins qu'elle ne ſoit ſelon Dieu, car elle détruit l'amour et l'amitié, elle détruit toute ſociété et trouble la paix de l'âme. Elle n'eſt fondée que ſur des ſoupçons injuſtes et ſans fondement.

Sect. 38. Ne ſoyez point trop crédules. Vide Prov. xiv. 15. Il y a un milieu, c'eſt de ne point croire ſans éxamen, et je vous le recommande.

Sect. 39. Ne parlez point de la religion, et ne faites point uſage du nom de Dieu d'une manière familière.

Seđ. 40. Ne vous mêlez point du gouvernement; n'en parlez jamais, laiſſez les autres faire et dire ce qu'ils voudront. Mais liſez les livres de loi qui traitent des devoirs d'un † juge, d'un Coroner, d'un Chérif, d'un Connétable; ‡ le Doĉtor & Student; quelque livre ſur la manière de regler les comptes, et quelquelque traité ſur les teſtamens, pour vous mettre en état de veiller à vos propres affaires, ou à celles de quelque pauvre voiſin. Car c'eſt une choſe que je vous recommande très expreſſément à vous et aux vôtres, d'éviter, ſoit d'avoir rien à déméler avec le gouvernement, ou d'avoir le maniement de deniers publics; mais de ſavoir éviter ces ſortes de démélés, et vous défendre dans le tems de beſoin. Car trop ſavoir cauſe ſouvent bien de chagrin,

† Officiers de juſtice en Angleterre dont il eſt bon que chacun connoiſſe les devoirs.
‡ Livre de juriſprudence.

et trop faire, en caufe encore davantage. C'eft pourquoi connoiffez
vous Dieu, connoiffez vous mêmes ;
aimez votre maifon et vos affaires,
attachez vous y, et vous aurez la
paix et plus de tems de refte que
vos voifins. Sect. 41. Si vous avez de l'inclination pour le marriage, confultez
en vous marriant votre inclination
plutôt que votre intérêt. J'entends,
prenez une femme que vous aimiez
plutôt que d'en chercher une qui foit
riche. Mais aimez dans une femme
fa vertu, fon caractère, fon educati-
on, fa perfonne, et non pas fa qualité ou fa richeffe, et foyez fûrs qu'elle
vous aime. Pefez mûrement tous
ces points, et ne faites rien à la hâte ;
confultez le Seigneur, pourfuivez
dans fa crainte, et prenez de bons
avis. Et quand vous ferez marrié
fuivant la manière du peuple de
Dieu, dont nos amis font ufage,
ayant foin de ne prendre une femme

que parmi eux, foyez fidèle à vos
engagemens ; évitez toute ce qui
peut occafionner quelque différent,
fachez paffer quelques foibleffes : attendez vous à trouver quelque différence dans la conftitution de vos
femmes, et à ne pas toujours les trouver également bien difpofées ; et furtout gardez vous de laiffer appercevoir le moindre dégoût, le moindre
différent devant perfonne et parti-
culièrement devant vos enfans. N'-
allez jamais vous coucher, ayant
quelque chofe fur le cœur l'un contre
l'autre, mais évitez tout ce qui peut
offenfer ou donner lieu à querelles ;
fermez les yeux fur les petites fautes
et cachez les. Priez le Seigneur
l'un pour l'autre ; attendez vous à
lui enfemble dans fa fainte crainte
foir et matin, et vous renouvellerez
et fortifierez votre amour et votre fi-
delité mutuelle : ne vous permettez
rien qui puiffe y porter la moindre
atteinte,

atteinte, cherchez à vous plaire
mutuellement, et mettez en ufage
tout ce qui peut vous rendre chers
et recommendables l'un à l'autre;
vous repellant conftamment que
votre union et votre rapport eft
une figure de l'union de Jéfus-
Chrift avec fon églife; c'eft pourquoi tant que vous vivrez l'autorité
et l'amour ne doivent jamais aller
l'une fans l'autre.

Sect. 42. Si Dieu vous donne des
enfans, aimez les avec fageffe, cor-
rigez les avec affection, ne les frap-
pez jamais en colère, et propor-
tionez toujours la correction à leur
âge, auffi bien qu'à leurs fautes.
Convainquez les de leur erreur
avant de les châtier, et mettez les
à l'épreuve ; s'ils fe montrent re-
pentans avant que vous leur mon-
triez de la févérité, n'en faites point
ufage, mais feulement dans le cas
où ils ne le feroient pas, ou bien

s'ils perfiftoient dans leur faute.
Pour les punir prenez les par les fentimens, plutôt que vous fervir de la
verge ; prenez plutôt un air affligé,
qu'un air en colère, quand vous
voudrez leur faire envifager la
folie et la honte, en un mot, la
grandeur de leurs fautes ; et par là
vous les toucherez davantage et
d'une manière plus noble, que vous
ne pourriez le faire par un châti-
ment vile et fervile. Je fais qu'il
y en a qui font d'avis de les corri-
ger févèrement de leurs fautes, et de
leur donner des louanges apprêtées
et quelquefois des récompenfes
quand ils font bien ; mais par là on
réveille chez eux des paffions pîres
que les fautes dont on veut les cor-
riger ; car d'un côté on leur infpire
une crainte baffe et quelquefois
même de la haine, et de l'autre l'-
orgueil et le défir de la vaine gloire ;
et ce font deux chofes qu'on doit
éviter quand on éléve la jeuneffe fur

un plan religieux, car elles y font
également oppofées et dépravent
la nature. On devroit bien prendre
garde aux impreffions que l'on
donne aux enfans, et donner la préférence à la méthode qui eveillera le
plutôt dans leur âme l'amour, le re-
fpeƈt, la fobriété, la juƉice, et l'honnêteté. L'éducation eƉt aux enfans
ce qu'eƉt l'impreffion à une pièce de
monnoye, ils ne paſſeront jamais que
pour ce que leur parens les auront
faits, s'ils ne paſſent pas pour moins.
C'eƉt là un des points où le monde
eƉt le plus blâmable, et manque
le plus de préceptes et de bons éxemples : les hommes traitent leurs
enfans, comme leurs âmes, ils les
mettent en penſion à tant par an ;
tandis qu'ils ne fe fient à perfonne
pour veiller fur leurs biens ou garder leurs boutiques, mais quant à
leurs enfans ils ne fe donnent pas
tant d'inquiétude. Elevez donc vos
enfans vous mêmes, j'entends quant

D 2

à leurs mœurs ; foyez leurs doðeurs
et leurs maîtres pour leur donner les
premiers principes de la converfation : cela dépend en bon partie de
vos inftruðions. Ils feront ce que
vous les ferez, et auront fur leur
poftérité la même influence par
leurs éxemples et leurs préceptes
que vous aurez eu fur eux par les
vôtres. Si les hommes en général
fefoient plus d'attention à ce point
important, ils s'acquitteroient mieux
de leur devoir tant envers Dieu
qu'envers leur poftérité, et leurs
enfans pourroient avec raifon leur
avoir plus d'obligation de leur éducation que de leur héritage. Aimez tous vos enfans également, ou
au moins ne laiffez paroître aucune
partialité : il y a de l'injuftice et de
l'indifcrétion, et cela diminue leur
amitié pour leurs parens et met la
jaloufie entr'eux : qu'ils ayent tous
les mêmes habits, qu'ils mangent au
même plat, enfin allouez leur à tous
la même quantité de tems ct d'ar-

gent. Faites leur apprendre un état,
et donnez autant aux uns qu'aux autres pour s'établir, excepté l'ainé à
qui il n'eft pas mal à propos de donner le double. Accoutumez les auffi
à la frugalité, et il leur en fera d'-
autant plus aifé de pourvoir à la
fubfiftence de leur poftérité. Un
petit commencement avec de l'induftrie et du ménage, mène aifé-
ment à fe faire un fort; mais il y a
bien de la différence entre ménager
et être avare. Ne foyez ni pro-
digues ni trop ménagers, mais fouf-
frez un peu vous mêmes plutôt
que d'être trop ferrés avec les
autres; c'eft pourquoi que ce foit
votre charité qui préfide à votre
frugalité, et à la leur. Tout ceci
s'addreffe non feulement à vous
mais à vos enfans et à leurs defcendans.

Sect. 43. Vous aurez des domeftiques, mais fouvenez vous, que le
moins eft le mieux, et que ceux qui

D 3

font un peu avancés en âge font à
préférer aux jeunes ; il faut les laif-
fiez vieillir à votre fervice, fi non
vous ferez forcés d'en changer fouvent. Le changement ne vaut rien,
faites donc un bon choix dans ce
genre, furtouť à caufe de vos enfans ;
car les enfans s'imaginant qu'ils
peuvent prendre plus de liberté avec
les domeftiques qu'avec leurs parens, recherchent fouvent leur compagnie ; et fi les domeftiques font
pareffeux, libres dans le difcours,
et de mauvais éxemple, vos enfans
courront grand rifque de fe cor-
rompre avec eux. Choififfez les
donc parmi nos amis, et ayez foin
qu'ils ayent de bonnes recommen-
dations ; qu'ils fachent ce qu'ils ont
à faire, auffi bien que ce qu'ils doivent gagner ; et fuivant qu'ils s'-
acquitteront de leur devoir, acquittez vous du vôtre en les payant
honnêtement. Quoiqu'ils foient vos
domeftiques, n'oubliez pas qu'ils

font vos frères en Jéfus-Chrift,
que vous n'étes que les œconomes de vos biens, et que vous
aurez à rendre compte à Dieu :
traitez les donc avec douceur, et
vous les encouragerez plus à être
diligens par amitié que par crainte ;
car c'eft le vrai motif et le meilleur
de tous pour vous faire bien fervir.
En un mot, fuivant que vous les
trouverez bons ou mauvais, gardez
les, traitez les bien, récompenfez
les, ou les renvoyez.

Sect. 44. La méfiance tient de
la nature de la jaloufie, il ne faut
s'y livrer qu'avec précaution, et
fur de bons fondemens ; fans cela
elle eft injurieufe aux autres, et au
lieu de procurer la fureté qu'elle
femble promettre, ne vous caufera
que de l'inquiétude. Si vous con-
fiez peu, vous ne fauriez avoir
grande défiance ; et cependant il
m'a fouvent femblé recevoir au
premier coup d'œil, touchant les

D 4

perſonnes ou les choſes, une inti-
mation ſecrète qui s'eſt rarement
trouvée fauſſe; quoiqu'en négligeant
le ſens de ce premier mouvement, ou
en ſouffrant que d'autres confidé-
rations me le fiſſent oublier, j'ai ſouvent été trompé dans mon attente.
Ayez donc égard, et faites une attention très particulière à ces mouvemens ſoudains et imprévus.

Sect. 45. Quoique ce que je vous
ai dit et recommandé, concernant
votre conduite et dans le cours de
la vie, pût ſuffire, je vais entrer dans
un détail plus particulier touchant
les qualités que je prie Dieu de
vous donner, et les graces que je le
prie de vous faire, pour que vous
vous comportiez d'une manière qui
tende à ſa gloire, et à votre bonheur temporel et éternel.

C H A P. III.

Sect. 1. Soyez humbles ; rien
ne convient mieux à une créature
auffi dépendante, que l'homme : car
enfin il exifte, mais fon éxiftence
eft elle à lui ? il vit, mais fa vie lui
appartient - elle ? il refpire, mais
eft-il le maître de l'air qu'il refpire ? à une créature qui n'a
rien en propre, qui aura à rendre
compte de chaque inftant du jour,
et qui comme un vaffal tient tout de
fon Seigneur paramont, et depend
en tout de la volonté du Maître du
ciel et de la terre. Cette excellente qualité ne vous manquera
point fi vous vivez dans la crainte
du Seigneur, qui eft préfent partout,
et qui voit tout ; vous verrez alors
combien votre petiteffe eft au deffous
de fa grandeur et votre baffeffe au-
deffous de fa majefté ; vous admire-
rez qu'il puiffe affez aimer de mi-
férables vers de terre tels que
nous, pour nous donner tous les

jours de fi grandes marques de foin,
de miféricorde, et de bonté ; et cette
confidération ne pourra qu'augmen-
ter votre foumiffion, votre abaiffe-
ment et votre humilité : or je dis
la crainte et l'amour de Dieu engendre l'humilité, et l'humilité vous
rend plus acceptables à Dieu et
aux hommes. Il vous eft prefque
impoffible de faire aucuns faux pas,
fi vous poffédez cette vertu à fond ;
car alors Dieu vous dirigera lui
même. Il montre fes voyes aux
humbles, et fes enfans y marchent
avec plaifir et en paix ; oui, il " ré-
fifte aux orgueilleux, mais il fait
grace aux humbles," Jacq. iv. 6.
1 Pier. v. 5. " Il connoît de loin les
chofes élevées." Pfea. cxxxviii. 6.
Ils n'approcheront point de lui, et
il ne les éxaucera point au jour de
leur détreffe, v. Prov. xi 2. xv. 33.
xvi. 18, 19. L'humilité ne cherche
point à avoir le dernier mot, ni à
prendre la première place, elle n'-

offenfe perfonne, préfère les autres
à foi, et fe rabaiffe elle même dans
fa propre opinion ; elle n'a point
le ton dur et élevé, elle ne s'en fait
point accroire, n'eft point hautaine,
ne cherche point à dominer : heureux ceux qui ont cette vertu.
" Suivez mon éxemple," dit Jéfus-
Chrift " car je fuis doux et humble
de cœur." Il lava les pieds de fes
difciples, Jean xiii. Et affurément
il étoit le modèle le plus parfait d'-
humilité. L'humilité précède la
gloire, Prov. xviii. 12. La vertu
dominante du Chriftianifme, c'eft
l'humilité ; et Chrift en eft lui-même
l'éxemple le plus frappant. Il fut
humble dans fon incarnation ; lui,
qui ne réputoit point rapine d'être
égal de Dieu, s'eft humilié jufqu'à
devenir homme, et même en cette
qualité, voulut à différens égards
n'avoir aucune réputation. Premièrement dans fon origine, et dans
fa naiffance : il ne nâquit point du

Prince de Juda, mais d'une vierge
de baffe naiffance la fiancée d'un
charpentier, et elle le reconnoît elle
même dans fa prière ou antienne
célefte, Luc. i. 47, 48. 58. lorfque
parlant de la faveur infigne que
Dieu lui a faite elle dit, " Et mon
efprit s'eft égaié en Dieu qui eft
mon Sauveur; car il a regardé la
baffeffe de fa fervante ; il a renverfe
de deffus leurs trônes les puiffans,
et il a élévé les petits." Seconde-
ment, il a été humble dans fa vie :
il ne tenoit fa cour que dans les
déferts, et fur les montagnes, et
dans des lieux folitaires : et il n'-
étoit point fervi avec fplendeur, car
il n'avoit que des artifans à fa fuite.
Par les miracles qu'il fit, nous voyons quelle étoit fa nourriture, du
pain d'orge et du poiffon, et nous
n'avons pas lieu de croire que fes
mets fuffent préparés avec grande
délicateffe. Et fes vêtemens étoient auffi modeftes que fa nourriture.

Troifièmement, il fut humble dans
fes fouffrances et dans fa mort; il
fouffrit toutes fortes d'affronts avec
patience; et quoiqu'il fe fut fait
homme triompha de la vengeance.
Il fut méprifé, ou lui cracha au
vifage, on le fouffleta, il fut fouetté,
et enfin crucifié entre deux voleurs,
comme s'il eût été lui-même le plus
grand malfaiteur; cependant il ne
fit aucun reproche à fes ennemis,
fa feule réponfe fut le filence, et la
foumiffion. Plein de pitié et d'amour
pour eux, il mourut pour ceux mêmes
qui lui fefoient fouffrir une mort fi
ignominieufe. Quel miroir d'humilité! Ayez toujours vos regards
tournés vers lui, pour vous y voir.
Toutes les actions de fa vie ont été
autant d'actes d'abnégation de lui
même, et il falloit que ce fût pour
nous, car qu'avoit il befoin pour
lui-même de faire de tels facrifices,
" c'étoit donc pour nous laiffer un
modèle afin que nous fuiviffions fes

traces," 1 Pier. ii. 21, et tel qu'il a
été, tels nous devons être dans ce
monde fuivant le difciple bien-aimé.
1 Jean ii. 6. ainfi ce qu'il a fait pour
nous il l'a fait non pour excufer,
mais pour exciter notre humilité.
Car de même qu'il reffemble à Dieu,
ainfi devons nous lui reffembler ; et
il eft évident que ceux qui font d'un
caraétère pervers, querelleux, vin-
dicatifs, toujours prêts à frapper,
les duelliftes, &c. ne font point de
ce nombre. Et fi vous voulez
montrer cette vertu dans tout fon
jour, vous n'avez qu'à confidérer
la folie et les dangers de l'orgueil
qui eft le vice oppofé ; c'eft l'orgueil qui a caufé la chute des mauvais anges, qui a fait chaffer le
premier homme du paradis, par lui
villes et nations ont été détruites,
enfin l'orgueil étoit un des péchés
de Sodome, Ezek. xvi. 49. C'eft
l'orgueil qui caufa la deftruétion des
Affyriens et des Ifraëlites, Ifai. iii.

16. et Dieu ne donna point d'autre raifon de fa vengeance contre Moab et Ammon que leur orgueil, Zep. ii. 9, 10. D'ailleurs, l'orgueil eft la paffion la plus vaine qui puiffe gouverner l'homme, car que pof-féde-t-il en propre dont il puiffe s'-enorgueillir ; or s'enorgueillir de ce qui ne nous appartient pas, n'eft ce pas manquer d'honnêteté et de bon-fens ? Non feulement l'homme ne s'eft pas créé lui même, mais il naît la créature la plus nue et la plus deftituée de toutes. Peut-il ajouter un feul jour à la longueur de fa vie, un pouce à fa taille ; peut-il changer la couleur d'un feul de fes cheveux ? Et il eft fi peu fon propre maître, qu'il n'eft, comme je l'ai fou-vent répété, qu'un vaffal qui ne tient du Seigneur de toute la terre, la vie, la fanté, la fubfiftance, qu'autant qu'il veut bien l'en laiffer jouir : et plus l'homme reçoit de faveurs, moins il a droit de s'en enorgueillir :

et plus au contraire cette multipli-
cité d'obligations doit l'engager à
la reconnoiſſance et à l'humilité.

D'où je conclus que vous devez
éviter l'orgueil comme vous évi-
teriez le diable, vous rapellant qu'il
vous faudra mourir un jour, et que
par conſéquent tout ce qui pourroit
vous inſpirer de l'orgueil mourra
vous, et qu'après la mort ſuivra le
jugement, où il vous faudra rendre
compte de tout ce que vous aurez
reçu, et de toutes vos actions.

Sect. 2. L'humilité produit la
douceur. De toutes les rares qualités
dont Moïſe étoit doué, telles que
ſa ſageſſe, ſa ſcience, ſa valeur,
&c. la douceur étoit la primière
qu'on nommoit chez lui ; c'étoit
elle qui donnoit à toutes les autres
un luſtre qu'elles n'auroient point
eu ſans celle-là. La différence
qu'il y a entre ces excellentes qualités n'eſt pas grande, et cependant
l'écriture y en met. Dieu mon-

trera fes voycs à ceux qui font
humbles, et il guidera en jugement
ceux qui ont la douceur. La douceur femble n'être que l'humilité
bien digérée, une qualité dont l'habitude nous fait une feconde nature.
Celui qui a la douceur, n'eft pas
aifé à provoquer, quoiqu'il foit aufli
fenfible qu'un autre. Il n'eft ni
capricicux, ni colère, mais au contraire il eft doux, traitable, et incapable d'offenfer. Heureux, mes
chers enfans, fi vous ètes doués de
cette excellente qualité! L'écriture
fait nombre de promeffes les plus
précieufes à ceux qui ont la douceur; favoir que Dieu " environ-
nera les débonnaires de fon falut;
heureux les débonnaires car ils hé-
riteront la terre." Pfea. xxxvii. 11.
Mat. v. 5. Chrift nous le recommande par fon propre éxemple.
" Apprenez de moi, parceque je fuis
doux, &c. Mat. xi 29. Il recommande aux fiens de devenir comme de

E

petits enfans s'ils veulent être fauvés.
Mat. xviii. 3. Il dit ailleurs " un
efprit doux et paifible eft d'un grand
prix devant Dieu," 1 Pier. iii. 4.
C'eft un des fruits de l'efprit faint
Gal. v. 22, 23. auquel nous fommes
exhortés, Eph. iv 2. Col. iii. 12.
Tit. iii. 2. et dans plufieurs autres
endroits de même.

3 Seĉt. La patience eft un effet
et un des fruits de la douceur.
C'eft une difpofition à endurer et à
fouffrir, qui n'eft point encline à
la colère, à l'emportement, ni à la
vengeance, mais toujours prête à en-
tendre les autres et à en endurer
quelque chofe, plutôt qu'à juger et
à agir avec précipitation et chaleur.
Job eft auffi renommé pour la patience, que Moife pour la douceur. Sans cette qualité un Chrétien ne peut remplir fa carrière, ni
efpérer d'obtenir la couronne célefte; fans elle il ne peut connoître
l'œuvre de Dieu. Rom. v. 3, 4,
5. Car la patience, dit l'apôtre, pro-

duit l'épreuve et l'efpérance d'une récompenfe éternelle, car l'epreuve produit cette efpérance. C'eft pourquoi, dit l'apôtre Jacques, " Il faut que la patience ait une œuvre parfaite." Jacq. i. 4. C'eft elle qui donne le dernier degré d'excellence aux faints; voilà la patience des faints, Apocal. xiii. 10. Elle eft reunie au royaume de Jéfus-Chrift, Apoc. i. 9. Luc. 21. 19. " Poffédez vos âmes en patience." Rom. xii. 12. xv. 4. 2 Cor. vi. 4. 1 Theff. v. 14. " Soyez d'un efprit patient envers tous." Tit. ii. 2. Heb. vi. 12. x. 36. Tout ceci vous fait voir l'excellence et la néceffité de la patience, comme la patience montre la vraie dignité de l'homme. Elle eft fage, et vous donnera un grand avantage fur ceux avec qui vous aurez des affaires de quelque genre que ce foit, car la colère aveugle les hommes et fait voir leur foibleffe : la patience nous fait voir notre avantage et nous apprend à en profiter. La patience s'informe des chofes, délibère, et juge d'après une mure délibération ; fans elle vous ne pouvez agir, ni avec fageffe, ni avec fureté, pour vous mêmes ; foit comme citoyens ou comme Chrétiens dans le cours de la vie : je vous recommande donc bien de pratiquer cette vertu importante.

Sect. 4 Montrez vous miféricordieux toutefois qu'il fera en votre pouvoir de le faire ; c'eft-à-dire, pardonnez, plaignez et fecourez, car le mot miféricorde fignifie tout cela ; la miféricorde eft un des attributs de Dieu. Exod. xx. 6. Pfeau. lxxxvi. 15. Jer. iii. 12. Elle eft placée dans l'écriture au deffus de toutes fes œuvres, et eft une noble partie de fa reffemblance dans l'homme, Dieu l'a recommandée, Of. xii. 7. " Garde la miféricorde et le jugement et aie continuellement efpérance en ton Dieu."

Dieu l'a montrée à l'homme, et lui en
a fait un devoir. Mic. vi. 8. " O
homme, il t'a declaré ce qui eft bon, et
qu'eft ce que l'Eternel requiert de
toi, finon que tu faffes ce qui eft jufte,
que tu aimes la benignité et que tu
marches en toute humilité avec ton
Dieu ?" Ce peu de mots nous donne
l'idée la plus complète de l'amour
de Dieu et des devoirs de l'homme
(heureux fi vous y faites bien attention) et vous fait voir que la
miféricorde eft une des vertus les
plus nobles. Chrift l'a mife au rang
des huit béatitudes " heureux les
miféricordieux," Mat. v. 7. " car la
miféricorde leur fera faite," n'eft-
ce-pas un motif fuffifant pour vous
y engager? Dans Luc. vi. 35, 36.
il nous l'ordonne, " foyez miféricordieux comme votre père eft miféricordieux." Il ordonne aux Juifs,
qui étoient fi ftricts à leur devoir,
mais qui manquoient tant de charité, d'apprendre ce que fignifie ce

E 3

paſſage ; " Je veux miféricorde et non point facrifice," Mat. ix. 13. C'étoit là ce qu'on appelle argumentum ad hominem. Et dans la parabole du maître et de fes ferviteurs, il fait voir quelle fera la fin de l'œconome qui n'aura pas été miféricordieux, Mat xviii 34, 35. c'eft-à-dire qu'après que fon maître lui eut fait grace d'une groſſe fomme, il ne voulut pas faire grace d'une petite à fon compagnon de fervice. La miféricorde eft une grande partie de la loi de Dieu, Exod. xxiii. 4, 5. C'eft une partie effentielle du vrai jeûne que Dieu ordonne, Ifa. lviii. 6, 7. C'eft le grand point de l'alliance de Dieu. Jer. xxxi. 34. Heb. viii. 12. Ce fera la règle et le fujet du jugement dernier, Mat. xxv. 31. jufqu'à la fin du dit chapître, lifez le je vous prie. C'eft une partie de la religion pure et fans tache, Jacq. i. 27. iii. 17. v. Prov. xiv. 21, 22.

Mais la miféricorde de l'homme miféricordieux va plus loin, elle s'étend
même jufqu'aux bêtes ; et alors on
peut être fûr qu'il n'en manquera
pas même envers l'homme, fon
femblable. Je vous recommande
donc de n'opprimer ni les hommes,
ni les bêtes; ne prenez avantage
du malheur de perfonne, plaignez
les affligés, mettez vous à leur
place, et figurez vous que le fort de
leurs femmes et de leurs pauvres
enfans innocens eft celui des vôtres,
et alors vous aurez de la fympathie,
vos entrailles fentiront pour eux,
vous ferez prêts à leur pardonner
s'ils vous ont offenfé, et même à
les fecourir et à leur aider de tout
votre pouvoir. Souvenez vous que
c'eft le meilleur moyen pour obtenir
vous même affiftance et pardon
quand le jugement viendra. Lifez
l'oraifon dominicale, Luc. xi. Rapellez vous les fentimens et la bonté de Jofeph pour fes frères, fui-

vez l'éxemple du bon Samaritan, et que la cruauté d'Edom pour la branche de Jacob, Abdias 10. 16. et celle des Gentils envers Ifraël, Zach. i. 21. ii. 8, 9. vous fervent de leçon. Lifez auffi les Prov. xxv. 21, 22. Rom. xii. 19, 20.

Sect. 5. Dans la chaine des vertus que je viens de nommer, la charité eft le chaînon qui fuit la miféricorde. Voici en quoi elle confifte, fuivant l'opinion qu'on a en général. Ne point cenfurer, et foulager les pauvres. Car, premièrement, fouvenez vous que vous ferez jugés vous-mêmes, Mat. vii. 1. Et enfin fouvenez vous que vous n'étes qu'œconomes. "Ne jugez donc point, de crainte que vous ne foyez jugés." Soyez fûrs de vous-mêmes, avant de jetter la première pierre. Otez la poûtre qui eft dans votre œil ; cette doctrine eft humiliante, mais elle eft fûre. Jugez donc à vos perils et rifques ; et ayez foin d'être juftes dans vos jugemens, puif-

que vous devez en répondre devant
le grand Juge. Cette partie de la
charité défend aussi les chuchoteries,
la calomnie, la médisance, et les
mauvais soupçons ; ce sont là des so-
tises et des défauts très pernicieux,
ainsi gardez vous en avec soin. Vide
1 Cor. xiii. Quant à la seconde
partie de la charité, c'est-à-dire de
soulager les pauvres, c'est une chose
que vous devez à Dieu : c'est une
redevance, un droit inévitable sur
tout ce dont vous jouissez ou pouvez
jouir. Il est passé en proverbe, que
qui donne aux pauvres, prête au
Seigneur ; mais on pourroit dire a-
vec assez de justesse, que Dieu nous
prête pour que nous donnions aux
pauvres. La Providence leur a donné le droit de partager avec vous, et
c'est un droit dont vous ne devez
point les dépouiller. Vous avez as-
surément le privilège de donner ce
que vous voulez, quand et à qui il
vous plaît, et cependant si vous vou-

lez confulter votre guide et faire attention à l'objet, cela pourra vous
fervir de règle.

Je vous recommande par deſſus
tout, les petits enfans, les veuves,
les vieilles gens, et les infirmes ; é-
pargnez quelque choſe de vos repas
plutôt que de leur laiſſer fouffrir la
faim. C'eſt un grand péché, et que
vous devez éviter, que de vous permettre nombre de ſuperfluités, tant
en vêtemens qu'en meubles, tandis
que vos pauvres n'ont ni de quoi ſe
couvrir, ni a manger. Mes entrailles
ont plus d'une fois été émues, en
voyant des gens infirmes et très a-
gés, et furtout de pauvres enfans
dénués de tout fecours, paſſer, par
le plus mauvais tems, la nuit dans
la rue, fur le feuil d'une porte, faute
de pouvoir ſe procurer un meilleur
logement. Je ne pouvois m'empêcher de penſer, combien il feroit dur
pour vous, d'être expoſés de la forte.
Et en fefant réfléxion à la différence

qu'il y avoit entre leur condition et
la nôtre, j'ai humblement remercié
Dieu, et touché de compaſſion pour
ces malheureux, les ai aſſiſtés. Encore une fois, ſoyez charitables pour
les pauvres. Que dis-je? ſoyez
juſtes à leur égard, et ce ſera vous
faire du bien à vous-mêmes : croyez que c'eſt votre devoir, et acquittez
vous en religieuſement. Ayez toujours préſent à l'eſprit ce paſſage
touchant qui ſe trouve dans Mat.
xxv. depuis le 35. verſet juſqu'à la
fin, " j'ai eu faim et vous m'avez
donné à manger, j'ai eu ſoif et vous
m'avez donné à boire, j'étois nu et
vous m'avez vêtu, j'étois malade et
vous m'avez viſité, j'étois en priſon
et vous êtes venus me voir ;" remarquez auſſi la béatitude qu'il leur
annonce: quant aux autres, " J'ai eu
faim," leur dit-il, " et vous ne m'a-
point donné à manger, j'ai eu ſoif,
j'ai été nu, malade et en priſon, et
vous ne m'avez point porté de ſe-

cours ; " et après cela il prononce
une fentence terrible contre les gens
du monde qui ont le cœur dur.
" Malheur à celui qui retient le gage
du pauvre, " Ezec. xviii. 12. 13.
ou à celui qui prive les pauvres de
leur droit. Non, ne dévorez point
la part des pauvres, permettez vous
encore moins de le dépenfer en va-
nités, ou de l'entaffer dans vos facs;
ce feroit attirer la malédiction de
Dieu fur le furplus de vos biens.
Ecoutez ce que dit le roi prophète,
Pfea. xli. " O ! que bien-heureux eft
celui qui fe conduit fagement envers
l'affligé, l'Eternel le délivrera au jour
de la calamité ; l'Eternel le gardera
et le prefervera en vie : il fera même
rendu heureux en la terre; ne le livre donc point au gré de fes ennemis : l'Eternel le foutiendra quand
il fera dans un lit de langueur: tu
transformeras tout fon lit quand il
fera malade. " Voila la récompenfe
de ceux qui feront bons œconomes

et tréforiers fidèles des pauvres fur la terre. Ne cherchez point d'excufes, il eft aifé d'en trouver, gardez vous de cette tentation, et lifez les Prov. iii. 27, 28. " Ne retiens pas le bien de ceux à qui il appartient, encore qu'il fût en ta puiffance de le faire. Ne dis point à ton prochain, " Va et retourne, et je te le donnerai demain, quand tu l'as pardevers toi." Ayez toujours préfente à l'efprit la doctrine de Chrift, Mat. v. 42. "Donne à celui qui te demande, et ne te détourne point de celui qui veut emprunter de toi, " Mais furtout, fouvenez vous de la pauvre femme qui donna fa petite pièce de monnoye, laquelle Jéfus-Chrift préfera à tous les autres, parcequ'elle avoit mis tout ce qu'elle poffédoit ; mais elle l'avoit jetté dans le tréfor du Père celefte, Marc xii. 42, 43, 44.

Sect. 6 La liberalité ou générofité eft une noble qualité dans un homme, mais que peu pratiquent,

quoique tous la louent ; il n'y a
que les avares qui ne l'aiment pas,
parcequ'elle eſt un reproche contre
leur avarice. Elle diffère de la
charité, en ce qu'elle a quelquefois
d'autres objets et a des bornes plus
étendues. Elle jette ſes regards
ſur ceux qui ſont dans un beſoin
abſolu, auſſi bien que ſur ceux qui
n'y ſont pas ; et porte toujours ſa
bonté plus loin que le vrai beſoin
de ceux qu'elle oblige, ne le demande. Elle deterre la vertu dans
l'obſcurité, et l'élève. Elle allége
le fardeau de ceux qui travaillent
fort pour vivre : et bien des gens
qui ne ſont pas ce qu'on apelle dans
le beſoin, reçoivent d'elle des faveurs et des douceurs parcequ'elle
les en croit dignes. Ceux qui ont
fait des pertes attirent ſes regards.
Elle prendra un enfant, et en mettra
un autre en penſion, pour aider à
des parens trop chargés de famille ;
elle fera encore d'avantage pour

des orphelins. Elle fait voir qu'-
elle connoît le prix d'un fervice,
en le récompenfant généreufement ;
elle ne refte jamais en arrière d'une
faveur, et un chacun fe trouve toujours fon redevable à la fin. Où
tout autre donnera douze fous, l'-
homme libéral en donne vingt
quatre ; il rend toujours au double
les petits préfens qu'on lui fait.
Mais la liberalité connoit des bornes
auffi ; elle eft auffi éloignée de l'-
extravagance que de l'avarice ; elle
détefte la prodigalité paffagère de
l'avare auffi bien que fa léfine con-
tinuelle, et comme elle eft libre, auffi
n'eft elle point affectée; l'abondance
brille autour d'elle mais elle ne
veut ni fuperflu, ni extravagance.
Vous la trouverez mentionée dans
toutes les hiftoires, et furtout dans
l'écriture, le plus fage et le meilleur
des livres. Nous y voyons fon excellence et fa récompenfe. Elle
eft ordonnée et recommandée, Deut.

xv 3, 4, 7. 8. et dans le xxxvii.
Pfea. 21. 26. " Le jufte fait voir
fa miféricorde et donne ; et l'-
homme de bien eft toujours miféricordieux et il prête. Il montre fa
bonté et prête et difperfe au dehors," Pfea. cxii. 5. 9. " Tel répand, qui fera augmenté davantage ; et tel réferve outre mefure
qui n'en aura que difette : la perfonne qui benit fera engraiffée,"
Prov. xi 24, 25. " L'œil benin fera
beni," Prov. xxii. 9. L'avare et l'-
homme libéral y font dépeints, avec
promeffe à ce dernier, que fa liberalité fera fon fupport, Ifai. xxxii.
7, 8. Chrift en fait une partie de
fa religion, il dit que c'eft le moyen
de devenir les enfans du Très haut,
v. Luc. vi. 34, 35. il nous dit de
prêter, fans efpérer de recevoir,
et cela auffi bien à nos ennemis
qu'à nos amis; et même aux in-
grats et aux mêchans : fans chercher ni exception, ni excufe. L'-
âpôtre Paul, 2 Cor. ix. 5. à 10.

l'enjoint, menace la main ferrée, et promet des recompenfes à celui qui eft libéral et de bon cœur.

C'eft pourquoi, mes chers enfans, il eft de votre devoir de pratiquer la libéralité : fi Dieu vous met dans le cas, ne le faites point à demi ni à regret, mais de bon cœur, et vous en ferez récompenfés ; cependant il ne faut pas que ce foit le motif qui vous le faffe faire. Mais évitez l'oftentation, car c'eft faire fervir la vertu à fa vanité, et cela mène à la profufion, et la profufion àmène la pauvreté, or la pauvreté engendre l'avarice, et celle-ci nous mène à un autre extrême qui eft tout le contraire de la liberalité : de même que les voyageurs qui pointant leur courfe vers l'orient finiffent par fe trouver à l'occident, et aux antipodes de l'endroit d'où ils font partis.

Sect. 7. La juftice ou droiture eft un autre attribut de Dieu, Deut,.

F

xxxii. 4. Pfea ix. 5. 7, 8. Dan. ix. 7.
elle eft d'une grande étendue dans la
vie, et un des devoirs principaux de
l'homme : foyez donc juftes en toutes
chofes, et envers tous : envers Dieu
comme votre Créateur ; rendez lui ce
qui eft vraiment à lui, c'eft-à-dire
vos cœurs ; c'eft là la reconnoiffance
qu'il s'eft réfervée, et par laquelle
vous avez droit au bonheur dans cette
vie et dans l'autre. Et s'il poffède
vos cœurs, vous le poffèdez comme
votre tréfor, et avec lui tout ce qui
eft néceffaire pour votre bonheur.
Rendez auffi à Céfar ce qui eft dû
à Céfar, une obéiffance légitime ;
et que ce ne foit point par crainte
feulement, mais par motif de confcience. Montrez à vos parens l'-
amour et l'obéiffance que vous leur
devez comme étant leurs enfans ;
ayez l'un pour l'autre l'affection
qu'il eft naturelle que des frères,
ayent l'un pour l'autre ; enfin foyez juftes envers tous leur fefant,
comme vous voudriez qu'ils vous

fiffent. Ne faites tort à qui que ce
foit, foit dans fa perfonne ou dans
fa réputation. N'enviez à perfonne
ce qui lui apartient, de quelque efpèce que ce foit. Rapellez vous la
tendreffe de David pour Saül, lorfque ce dernier vouloit lui ôter la
vie, pour ne point vous écarter de
votre devoir ; et que l'injuftice et
l'avarice d'Achab qui le poufsèrent
au meurtre de Nabot, vous donnent
une horreur pour l'injuftice. David
quoiqu'il fut facré Roi, n'en prit
aucun avantage ; il croyoit, c'eft
pourquoi il ne fe hâta point, mais il
laiffa à Dieu le foin de mettre fin
au regne de Saül, mais ne voulut rien faire pour l'avancer : conduite fage qui mène toujours à une
bonne fin : mes chers enfans, Dieu
vous l'a montrée, et vous commande de la mettre en pratique.

Souvenez vous du dixième commandement, c'eft Dieu qui l'a
donné, et il vous jugera en confé-

quence. Il comprend la reſtitution
auſſi bien que l'acquiſition, et parle
ſurtout des gages du pauvre, Lev.
xix. 13. Deut. xxiv. 14, 15. Jéré.
xxii. 13. Amos v. 11. Mal. iii.
5. Samuel eſt un grand et un bon
exemple de droiture, 1 Sam. xii.
3. Il défia toute la maiſon d'Iſraël :
demandant, " Qui d'eux il avoit
opprimé ou défraudé?" L'apôtre
en dit la même choſe aux Corinthiens, 2 Cor. vii. 2. Il exhorte les
Chrétiens à bien prendre garde de
ne faire tort à perſonne, 1 Theſſ.
iv. 6. parceque Dieu eſt le ven-
geur des opprimés. Mais quelque
mal que les choſes fuſſent, il ne falloit point que les Chrétiens s'inten-
taſſent de procès les uns aux autres,
1 Cor. vi. 7. C'eſt pourquoi autant
que vous le pourrez, ne devez rien
à perſonne que l'amour, et cela toujours avec prudence et droiture ; car
la juſtice vous donne une bonne réputation, et attire la bénédiction da

Dieu fur vos biens; et c'eft la meilleure fureté que vous puilliez a-
voir.

Je conclûrai cet article en citant
quelques paffages de l'écritures qui
s'adaptent à ces différens points.
Quant à vos fupérieurs, " Soyez
donc foumis à tout établiffement humain, pour l'amour de Dieu." 1
Pier. ii. 13. " Obéiffez à ceux qui
vous gouvernent." Hebr. xiii. 17.
" Ne parlez point mal de ceux qui
font en dignité," Jude viii. 11;
Pier. ii, 10. " Mon fils, crains
l'Eternel et le Roi, et ne te mêle
point avec des gens remuans (c'eft-
à-dire, fujets à changer)," Prov.
xxiv. 21.

Quant à vos parens; " Honore
tes pere et mère afin que tes jours
foient prolongés fur la terre que l'-
Eternel ton Dieu te donne," Exod.
xx. 12. Enfans, obéiffez à vos parens; c'eft le premier commandement fait avec promeffe, Ephe. vi, 1,

2. Ceux qui péchent contre ce commandement, et qui ne rendent pas à leurs parens ce qu'ils leur doivent, font menacés de châtimens févères : " qui pille fon père et fa mère, et dit que ce n'eft point un péché, eft compagnon de l'homme deftructeur," Prov. xxviii. 24. C'eft-à-dire un tel homme détruiroit fes parens s'il pouvoit. Le prophète Ezéchiel en fait reproche à Jérufalem comme d'une marque de fon état dépravé. " On a meprifé père et mère au dedans de toi, on a ufé de tromperie à l'égard de l'étranger au dedans de toi, on a opprimé l'orphelin et la veuve au dedans de toi," Ezech. xxii, 6, 7.

Quant à ton prochain écoute ce que les ferviteurs de Dieu ont enfeigné : " Faire ce qui eft jufte et droit eft une chofe que l'Eternel aime mieux que le facrifice," Prov. xxi, 3. Le Seigneur a en abomination que vous ayez différens poids et différentes mefures,

Lev. xix, 36 ; Deut. xxv, depuis 13
jufq. 16 ; Prov. xi, 1 ; xx, 10, 23.
v. Prov. xxii, 16, 22, 23 ; xxiii,
10, 11. lifez le fixième chap. de
Michée et auffi Zach. viii, 16, 17,
et furtout le 15 Pfeaume comme un
regle courte pour fe conduire dans
le cours de la vie et fe rendre agré-
able à Dieu.

Je ne vous ai dit que peu de
chofes fur la manière de rendre la
juftice, et de vous montrer juftes
dans le gouvernement et lorfque
vous ferez en autorité ; car je défire
que vous n'y ayez jamais part, à
moins que ce ne foit pour la rendre
fuivant vos principes ; et même a-
lors le moins fera le mieux, à moins
que Dieu ne le demande. Mais fi
jamais c'eft votre cas, ne connoiffez perfonne en jugement, ne connoiffez ni riche, ni pauvre, ni
grand, ni petit, ni parent, ni étranger, mais éxaminez la caufe en elle-
même, fuivant votre intelligence et

F 4

votre confcience, et ne décidez qu'-
après vous être bien informés, et
avoir delibéré mûrement, v. Exod.
xxiii depuis 1 jufqu'à 10 ; Deut. i,
16, 17 ; xvi, 19, 20 ; xxiv, 17 ;
2 Sam. xxiii, 3 ; Jer. xxii, 3, 4 ;
Prov. xxiv, 23 ; Lament. iii. 35,
36 ; Ofée xii, 6 ; Amos viii, 4, 5,
6, 7, 8 ; Soph. ii, 3 ; iii, 1, 3 ;
Zach. viii, 9, 10 ; Jer. v, 4, 5, 6 ;
viii, 6, 7. Vous y verrez les commandemens et les reproches de Dieu,
et le devoir de l'homme en autorité. Mais, comme je vous l'ai dit,
tâchez toujours de l'éviter, car lorfque l'on mène une vie privée, on eft
éxempt des clameurs, des dangers,
des embarras, et des tentations qui
accompagnent toujours ceux qui fe
mêlent du gouvernement ; c'eft pourquoi ne vous en mêlez jamais, que
pour l'amour et le fervice de Dieu.

Sect. 8. L'integrité eft une vertu
très recommandable. Qui dit un
homme intègre, dit un homme vrai,

hardi et ferme ; un homme à qui
on peut fe fier, et fur qui on peut
compter ; il ne cède ni aux préfens,
ni à la crainte ; il ne donne fa parole qu'après y avoir bien penfé,
mais on eſt fûr qu'il la tient ; il acquiert un nouvel éclat dans le feu,
et fon ami n'eſt jamais fi fûr de fon
fecours que dans le befoin. Le danger augmente fon courage, et il fur-
monte tous les obſtacles par fa per-
févérance. Comme on ne fauroit lui
faire adopter ce qu'il défapprouve,
ni par crainte, ni par flatterie, il
hait ceux qui flattent ou qui changent
felon les tems. Dans fa marche il
s'attache à fuivre la vérité, et non
pas à s'accommoder aux circon-
ſtances ; et à faire ce qu'il doit, plutôt que ce qu'il peut. Sa règle eſt
juſte et aifée à découvrir, mais peu
la fuivent, quoique les effets en
foient excellens. Ce fut l'intégrité qui fit préférer l'offrande d'A-
bel, qui retira Enoch de deſſus la

terre, qui fauva Noé, qui fit d'Abra-
ham l'ami de Dieu, et le père d'une
grande nation, qui fauvà Lot de la
deftruction de Sodome, qui benit et
fit multiplier Jacob, qui conferva et
exalta Jofeph, qui foutint et réta-
blit Job, qui honora Samuel en préfence d'Ifraël, qui couronna David
malgré toutes les difficultés, qui
donna à Salomon la paix et la gloire
tant qu'il fut conferver fon intégrité : ce fut l'intégrité qui conferva
Mardochée et fon peuple ; qui pro-
tégea Daniel contre les lions, et les
enfans dans la fournaife, d'une manière affez fignalée, pour forcer un
des plus grands rois de la terre, et
un payen, à confeffer, de la manière
la plus pathétique, le pouvoir et la
fageffe du Dieu, qui les avoit fauvés,
et qu'ils fervoient. C'eft ainfi que
les écritures font accomplies : "L'in-
" tégrité des hommes droits les con-
" duit," Prov. xi. 3. O mes chers
enfans, craignez, aimez ce grand

Dieu faint et immuable, et obéiffez lui, et il vous guîdera hereufe-
ment, et vous confervera pendant
votre pélerinage, jufqu'à ce que vous
arriviez à la gloire éternelle.

Sect. 9. La gratitude ou reconnoiſſance eſt auſſi une vertu de grand
prix, et en conféquence grandement
eſtimée de Dieu, et de tous les gens
de bien : c'eſt un fentiment par lequel on reconnoît les fervices que
l'on à reçus, à l'honneur et au profit de ceux qui les ont rendus. Et
dans le fait, c'eſt une efpèce de juftice très noble, et qu'on pourroit en
quelque façon regarder comme une
branche de cette vertu ; toutefois a-
vec cette différence, que comme les
fervices font plus que ce que ceux qui
nous les rendent ne nous doivent felon
la juſtice ; de même l'obligation d'-
être reconnoiſſant eſt plus grande que
celle d'être juſte ; et par conféquent
l'ingratitude a quelque chofe de plus
bas et de plus odieux que l'injuſtice.

De forte que, quoique vous ne foyez
forcés par aucun acte, ni aucun jugement, à rendre avec intérêt, cependant votre vertu, votre honneur, et
votre humanité, font naturellement
les garants de votre reconnoiffance ;
et vous devez vous regarder comme
d'autant plus liés par ces engagemens intérieurs, que vous l'ètes
moins à l'extérieur. Quiconque
fera capable de brifer ces liens intérieurs, ne fera retenu par aucuns. Et vous pouvez être fûrs
que quiconque eft ingrat, ne fe feroit pas plus de fcrupule d'être in-
jufte, s'il ne craignoit les loix. C'eft
pourquoi il faut toujours être prêt à
reconnoitre les faveurs qu'on a reçues, et à choifir l'occafion la plus
favorable à l'honneur ou à l'inté-
rêtde ceux qui nous ont obligé, pour
leur en marquer notre reconnoiffance. On a vu des gens fe trouver
dans le cas d'avoir befoin qu'on leur
rendît les mêmes fervices, qu'ils a-

voient rendus eux-mêmes ; en pareil cas, doit-on attendre qu'ils demandent, ne doit-on pas plutôt se faire un devoir de les prévenir ? N'importe s'ils n'ont pas de bonnes raisons à donner ; qu'il leur suffise de se montrer à ceux qu'ils ont obligés, et que ceux-ci sachent que de voir leurs bienfaiteurs dans l'adversité, doit être un motif suffisant pour les engager à donner des preuves de leur reconnoissance : moins on est forcé par la loi à faire les choses, plus il y a de grace à les faire, et d'obligation à s'acquitter. C'est une vertu évangelique, et qui, comme la foi, n'opère que par l'amour, et en cela elle est un emblême du Chriftianisme. Nous ne sommes pas sous le pouvoir de la loi, mais sous l'influence de la grace ; et c'est par la grace, et non par notre mérite, que nous serons sauvés. Mais devons nous en avoir moins d'obligation à Dieu, parcequ'il nous

comble ainfi de fes faveurs, lorfque
nous le méritons fi peu ? non affurément ; eh bien, le cas préfent eft le
même. Ce que nous recevons ne
nous eft point dû, ni obtenu par force,
mais nous eft donné de plein gré ;
ainfi il n'y a aucun engagement, la
volonté eft libre, c'eft une bonté vo-
lontaire fans reftriétions, ni condi-
tions ; et pour cela celui qui oblige
n'aura-t-il aucune fureté ? Oui, affurément, et une très grande ; c'eft
une fentence irrévocable, et que
le cœur ne peut nier, il eft l'ami
de celui qui lui a rendu fervice,
mais jufqu'aux autels ; et l'obligation ne finira qu'avec fa vie. Les
caraétères de la reconnoiffance, de
même que ceux de l'amitié, ne fau-
roient être détruits que par la mort,
et fans elle feroient inéffaçables.
" L'intime ami aime en tout tems,"
dit Salomon, Prov. xvii. 17. xxvii.
10. " Et ne quitte point ton ami,
" ni l'ami de ton père." Sans l'in-

juſtice on ne feroit pas obligé de faire un précepte de la reconnoiſ-fance. Il y a trois fortes de gens à qui la reconnoiſſance eſt preſque in-connue ; 1. L'homme craintif ; car dans le danger le cœur lui manque, et cela le rend incapable de fecourir fon ami ; 2. L'homme fuperbe, car il regarde la reconnoiſſance comme un reproche. Celui qui fe fouvient à peine de ce qu'il doit à Dieu, ne fera pas plus prêt à reconnoître les obligations qu'il a aux hommes. L'hiſtoire fait même reproche à quelques-uns de ces grands hommes, d'avoir été fi jaloux des auteurs de leur grandeur, qu'il n'étoit point contents qu'ils n'euſſent cauſé la ruine de ceux qui étoient la cauſe de leur élévation. 3. L'avare en eſt auſſi incapable qu'aucun des deux premiers ; fon or lui a gâté la mé-moire, et lui a ôté la force d'être reconnoiſſant, quoiqu'il doive la meilleure partie, ou au moins le fondement de fa richeffe à la bonté d'un autre. Il n'eft rien qui foit plus indigne de l'homme, auffi n'eft-il rien qui lui foit plus fouvent reproché dans l'écriture. Combien de fois Dieu ne reproche-t-il pas aux Juifs, qu'ils ont oublié les faveurs et les bénédictions qu'ils ont reçues de lui, et n'en ont aucune reconnoiffance ? v. Deut. xxxii. 15. " Le droiturier s'eft engraiffé et a " regimbé, contre Dieu, il a oublié " et abandonné le roc qui avoit fait " tant de merveilles pour lui." Voyez ce que dit Moïfe, Deut. xxxi. 16. 17. Juges x. 11, 12, 13. 1 Sam. viii. 8. et David, lxxviii. cv. cvi. Pfea. nous fait l'hiftoire de l'amour de Dieu pour le peuple d'Ifraël, et de fon ingratitude, v. Ifa. xvii. 1. jufqu'à 11. et Jer. ii. 31, 32. v. 7. jufqu'à 20. xv. 6. xvi. 10, 11, 12. 20, 21. xviii. 15. Ofée viii. 9. L'apôtre Paul dans fa 2. à Tim. iii. 2. la regarde comme une figne d'apoftafie.

Sect. 10. La diligence est une autre vertu utile et louable chèz les hommes ; c'est une méthode réglée et bien entendue que de s'appliquer à ses affaires, et qui nous fait éviter les deux extrêmes de ne rien faire ou d'avoir trop à faire. Elle nous donne de grands avantages ; comme de ne point perdre de tems, de vaincre les obstacles, de remédier aux contre tems, d'expédier promptement les affaires : elle supplée au manque de génie, comme un réfervoir, qui n'ayant point une source d'eaux vive conserve si bien celle qui lui vient d'ailleurs, qu'il n'est jamais à sec, et peut servir au lieu d'une fontaine. Elle est encore comme un bâteau qui n'a point de rames, mais qui a bon vent, et qui en profitant, arrive souvent le premier au but. Et ceci ne s'applique pas seulement aux arts méchaniques, et à ce qui concerne les corps, mais sans elle l'esprit s'encraffe, se rouille,

G

et perd toute fon activité. Cette qualité eft auffi néceffaire à l'âme qu'au corps, et l'une ne doit pas plus agir à l'aventure que l'autre. Si vous voulez que cette qualité vous foit avantageufe, évitez la con-fufion dans vos idees, car fe feroit tout gâter. Evitez tout ce qui peut vous diftraire; et tant que l'affaire, à laquelle vous étes occupé, n'eft pas finie, ne fongez à rien autre. Gardez vous de vous donner beau-coup de peine pour ne rien faire qui vaille; car il y a bien de la différence entre faire une affaire, ou être affairé. Commencez par arranger vos affaires avec jugement, alors la diligence fera tout profpé-rer, autrement c'eft fe donner de la peine en vain. Combien de peine de certaines gens fe donnent pour rien? Confidérez bien votre but, faites choix des moyens les plus convenables, enfuite mettez les en œuvre avec diligence, et moyennant la grace de Dieu vous atteindrez au but où vous vifez. Salomon donne les plus grands éloges à la diligence : premièrement elle conduït à la richeffe : " La main des diligens enrichit," Prov. x. 4. " L'âme des diligens fera engraiffée," xiii. 4. Voila ce qu'il promet aux diligens, mais il promet toute autre chofe aux pareffeux, xxiii 21. En fecond lieu, elle avance les hommes, " As-tu vu un homme habile dans fon travail, il fera au fervice des rois," Prov. xxii. 29. En troifième lieu, elle conferve les biens : " Aie foin de reconnoître l'état de tes brebis, et mets ton cœur aux parcs, car le tréfor ne dure point à toujours," Prov. xxvii. 23, 24. Ne fongez jamais à vivre fur votre capital ; foyez foigneux à conferver votre bien, foit que vous l'ayez acquis, ou qu'il vous foit venu en héritage, autrement vous en verrez bientôt la fin. Enfin voici l'avis de l'homme sage, " Tout ce que tu auras moyen de faire, fais le selon ton pouvoir," Ecclef. ix. 10. De même qu'elle améliore notre état temporel, nous ne pouvons parvenir à nous faire un état spirituel, ni à nous y conserver sans elle. Moïse la recommande fortement aux Israëlites, Deut. iv. 9. et vi. 7. L'apôtre Paul la recommande aux Corinthiens, et recommande Tite par la même raison, 2 Corinth. viii. 7. 22. Et il recommande aussi Timothée par le même motif aux Phillipiens, et les presse de travailler pour obtenir le salut, Phil. ii. 12. 20, 21. Pierre y exhorte aussi les églises, " C'est pourquoi, mes frères, dit-il, étudiez vous plutôt à affermir votre vocation et votre élection; car en fefant cela vous ne broncherez jamais," 2 Pier. i. 10. et dans le chap. iii. 13, 14. " C'est pourquoi, mes bien-aimés, en attendant ces chofes (la fin du monde et le jugement dernier) étudiez vous à être trouvés de lui fans tache, et fans reproche, en paix." Ainfi la diligence eft une vertu approuvée ; mais fouvenez vous qu'elle confifte à pourfuivre, et à éxécuter d'une manière raifonable, des projets honnêtes, et non point à s'acharner avec une ardeur auffi nuifible à l'ame qu'au corps, à des entreprifes légitimes. N'allez donc pas prendre le change et admettre l'ambition ou l'avarice à fa place ; que la néceffité, la charité, et la commodité la règlent, et alors elle fera bien employée, et vous en retirerez des fruits avantageux.

Sect. 11. La frugalité eft auffi une vertu, très utile dans le cours de la vie, c'eft le meilleur moyen pour être riche, car elle nous expofe à moins d'embarras et moins de tentations. Le proverbe dit, " Un

G 3

fou epargné eft un fou gagné :" et
la morale en eft frappante ; car
cette manière de gagner eft bien
plus à notre portée que toute autre,
moins hazardeufe, et moins péril-
leufe ; elle eft moins expofée à l'envie et aux procès, et nous rend
toujours plus capables de fupporter
l'adverfité. Car il en eft beaucoup
qui gagnent et qui ne favent pas
garder, ainfi faute de frugalité ils
dépenfent tout ce qu'ils gagnent,
et fe trouvent en fuite dans le cas
d'avoir befoin de ce qu'ils ont dé-
penfé. Mais auffi prenez garde de
la pouffer à l'extrême : ne vous laiffez pas manquer lorfque vous êtes
dans l'abondance, car alors vous
deviendrez avares et même fordides.
Il eft bien de confidérer qu'on a des
enfans, de prévoir la vieilleffe et les
accidens qui peuvent nous arriver,
il ne faut jamais que cela nous ferve
pour authorifer notre avarice et la
pallier. Je voudrois voir en vous

la liberalité, mais non prodigalité ;
vous voir diligens, mais non pas
que vous vons rendiez efclaves ; et
que vous pratiquiez la frugalité fans
tomber dans l'avarice. Si vous le
pouvez, mettez de côté la moitié de
votre revenu pour ces ufages, mais
que la charité tienne au moins la
feconde place dans la difpenfation
des vos épargnes, mais que ce ne foit
pas une charité comme celle de Ju-
das, qui étoit feinte.

Sect. 12. Je vous recommande
très fort la tempérance dans tout le
cours de votre vie : elle eft comp-
tée parmi les fruits de l'efprit, Gal.
v. 22. et c'eft une qualité très importante et très néceffaire. Dans
le fens littéral elle s'applique à la
nouriture ; mais en général, elle
peut s'étendre à toutes les affections
et à toutes les pratiques des hommes.
Je commencerai par l'envifager dans
le fens ordinaire, c'eft-à-dire, par
rapport à la nouriture. Mangez

pour vivre, et ne vivez point pour manger, car c'eſt s'avilir au deſſous des bêtes. Evitez ce qui eſt de curioſité, ou qui n'eſt propre qu'à reveiller vos appétits ; que votre meilleure ſauce ſoit un bon appétit, et votre tempérance vous ſervira toujours bien de ce côté-là. Vous ne ſauriez être trop ſimples dans votre manger, obſervant la propreté, toutefois ; ni trop modérés, dès que vous donnez à la nature ce qu'elle demande. Ce qui tient le corps foible, tient auſſi l'eſprit clair, comme le ſilence le fortifie. Cela procure une bonne digeſtion, un bon repos, d'où reſulte un bon tempéramént. Surtout ne régalez perſonne, ſinon les pauvres ; lit Luc xiv. 12. 13. Car les feſtins ſont rarement ſans péché ; mais recevez de bon cœur les étrangers. Obſervez, je vous le commande, une ſimplicité éxemplaire dans vos vêtemens, de même que dans vos mêts. Quand vous

choififfez vos habits, confultez votre
commodité, et non la mode ; cherchez à vous couvrir, non à vous parer, ou à fatisfaire votre vanité ou
celle des autres. Il n'y a que des
cœurs corrompus qui croyent que les
vêtemens puiffent ajouter à la beau-
té de l'homme " La vie n'eft elle pas
plus que la nourriture, et le corps
plus que le vêtement." Mat. vi. 25.
Comment l'homme pourroit il pré-
tendre à perfectionner l'ouvrage de
Dieu, lui qui ne peut ni donner la
vie ni l'entendement. C'eft montrer bien peu d'eftime pour la fageffe
et la puiffance du Créateur, que de
mettre fon ouvrage (j'allois dire fon
image) au deffous de l'invention d'-
un tailleur : quelle folie, quelle impiété ! Mais pour vous, mes chers
enfans, rapellez vous, qui étoient autrefois ceux que Jéfus difoit, qui s'in-
quiétoient tant de ce qu'ils devoient
manger ou boire, et de ce dont ils
devoient fe vêtir : n'étoit-ce pas les

Gentils, les Payens, les peuples de
la terre qui étoient fans Dieu au
monde ? lifez le vi. chap. de Mat.
et enfuite les paffages fuivans des
apôtres Paul et Pierre, qui font excellens, 1 Tim. ii. 9, 10. et 1 Pier.
iii. 3, 5. et fi vous trouvez que ces
avis ne s'addreffent qu'aux femmes,
concluez en, qu'il étoit alors régardé
comme honteux pour les hommes, et
comme n'appartenant qu'aux femmes, d'employer tant d'arts et de dé-
penfes pour orner fon corps. Mais
vous, fuivez l'exemple de ces Chrétiens de la primitive églife, et non pas
celui des voluptueux Gentils, qui en
tout dérangeoient l'ordre des chofes :
car ils mettoient la concupifcence au
deffus de la nature, préféroient les
moyens de parvenir à leur but à
ce but même, et la vanité à la commodité. Ce luxe infenfé ne fent pas
la valeur des dons de Dieu, par conféquent ne peut en faire un bon u-
fage, ni montrer un reconnoiffançe

égale à leur valeur. Enfin cette in-
temperance eft nuifible à notre fanté
et à nos defcendans ; elle ruine le
corps, fait tort à nos enfans, nous
rend incapables de pratiquer la charité, et eft de mauvais exemple ; et
pourtant c'eft une maladie auffi per-
nicieufe que contagieufe. Ce n'eft
pas là tout ; elle amène après elle
plufieurs autres défauts, c'eft pourquoi l'apôtre les joint enfemble dans
fon épitre aux Galates, v. 20, 21.
Et les mauvaifes fuites de cette forte
d'intempérance font fi grandes et fi
nombreufes, que je fuis perfuadé
qu'il n'y a ni pays, ni ville, ni famille
qui n'en refente les mauvais effets.
Je vous recommande de lire la première partie de Point de Croix, Point
de Couronne (livre intitulé qui ne
porte point fa croix, n'obtiendra point
la couronne de l'éternité) et de l'a-
dreffe aux Proteftants, j'y donne
plus au long les raifons qui me la
font blâmer, et tes autorités fur
lefquelles je me fonde pour re-

commander la modération. Mais cette vertu, la temperance, eft non-feulement appliquable au boire, au manger, et aux vêtemens, mais auffi à l'ameublement, au nombre de domeftiques, à la dépenfe, aux gains, aux épargnes, aux affaires; à la compagnie, aux divertiffemens, au difcours, au fommeil, et au tems que l'on veille : on peut auffi s'en fervir pour mettre des bornes à toutes les paffions de l'âme, telles que l'amour, la colère , le plaifir, la joie, le chagrin, et le reffentiment. Mettez donc des bornes à vos défirs, apprenez à votre volonté à connoître des loix, et prenez Jéfus-Chrift pour votre modèle, auffi bien que pour votre guide. C'eft lui qui a mené, et nous a montré à mener, la vie de la foi en la Providence, et qui a fait voir à fes difciples le danger des foins et des plaifirs de ce monde ; en leur montrant qu'ils étouffoient la femence du royaume des cieux, éteignoient l'a-

mour de la vertu dans l'âme, et ren-
doient l'homme incapable de porter
de bons fruits, Son sermon sur la
montagne est depuis un bout jusqu'à
l'autre, une leçon divine en faveur
de la tempérance universelle. L'-
apôtre qui sentoit combien cette vertu est nécessaire, donne un bon avis
à ce sujet aux Corinthiens. " Ne sa-
vez vous pas," dit il, " que quand
on court dans la lice, tous courent
bien, mais un seul remporte le prix. "
Courez donc tellement que vous le
remportiez. Or quiconque lutte (ou
aspire à la victoire) vit entiérement
de régime (il agit avec discrétion
et jugement) et quant à ceux-là ils
le font pour avoir une couronne cor-
ruptible, mais nous pour en avoir
une incorruptible. Je cours donc,
mais non pas sans savoir comment je
cours ; je combats, mais non pas
comme battant l'air ; mais je mortifie
mon corps, et je me le soumets ; de
peur qu'après avoir prêché aux autres, je ne sois trouvé moi-même en

quelque forte, non recevable" 1 Cor.
ix. 24 jufqu'à 27. Dans un autre
endroit il recommande la tempérance
prefque jufqu'à un dégré où elle
pourroit s'appeller indifférence ;
" mais je vous dis ceci mes frères,
le tems eft court, il refte que ceux
qui ont une femme foient comme s'-
ils n'en avoient point : et ceux qui
font dans les pleurs, comme s'ils n'-
étoient point dans les pleurs ; ceux
qui font dans la joie, comme s'ils
n'étoient point dans la joie ; et ceux
qui ufent de ce monde, comme n'en
abufant point." Et tout ceci n'eft
point fans raifon ; car il en donne
une très bonne ; " car," dit il, " la
figure de ce monde paffe : or, je voudrois que vous fuffiez fans inquiétude, " 1 Cor. vii. 29, 32. C'eft
pour cela qu'il recommandoit tant à
Tite d'avertir les vieillards de fon
tems d'être fobres, graves, prudens,
Tit. ii. 2. et non point ardens, vio-
lens, obftinés, opiniâtres, et déréglés

en aucune manière. Il déclare que c'eſt un devoir indiſpenſable pour tout paſteur des égliſes, " de n'être point adonné à ſon ſens, ni colère, ni ſujet au vin, ni batteur, ni convoiteux de gain deſhonnête ; mais hoſpitalier, aimant les gens de bien, ſages, juſtes, ſaints, continens," Tit. i. 7. 8. et pourquoi? " parceque la loi n'eſt point contre ces choſes-là," Gal. v. 23.

Je conclûrai cet article, auquel pluſieurs paſſages de cette exhortation ſe rapportent, par une texte remarquable de l'apôtre, qui contient un grand ſens, " que votre douceur ſoit connue de tous les hommes, le Seigneur eſt près, " Philip. iv. 5. Ce qui eſt de même s'il eût dit, prenez garde, ayez l'œil ſur vos propres voyes, car le Seigneur approche ; ſongez à ce que vous faites ; car le Seigneur eſt près, il eſt à la porte, il vous voit, il obſerve vos pas, il examine vos fauſſes demarches, et il vous jugera. Ayez donc toujours présente à l'esprit, cette excellente sentence, si pleine de sens, et qui s'applique si bien à notre état spirituel : qu'elle mûrisse dans vos âmes, mes chers enfans, qu'elle dirige toutes vos actions, vos affections, et vos pensées. C'est un moyen noble et qui peut influer sur toute votre conduite ; et ceux qui en font usage trouvent qu'il produit l'aisance et la sûreté. Il nous garantit de tomber dans les extrèmes, et des tentations du monde ; il nous rend maîtres de nos âmes, et c'est-là ce qui nous met dans le cas de jouir véritablement de nous-mêmes, et de ce que nous possédons : enfin, être ainsi maître de soi-même, est préférable à un empire. Puissiez vous avoir cette vertu ! Dieu vous a donné sa grace, et elle est suffisante : faites en usage et vous ne sauriez manquer de tempérance, et parconséquent vous serez vraiment heureux dans toute votre conduite.

Sect. 13. J'ai voulu me fervir du langage de l'écriture, qui eft celui du Saint Efprit, de l'efprit de vérité et de fageffe, qui n'a eu befoin ni de l'art, ni de la direction de l'homme pour parler et s'exprimer d'une manière affez intelligible pour l'entendement humaine. Rapellez vous donc que ce principe divin, ce verbe éternel, dont j'ai commencé par vous parler, et qui eft cette Lumière, cet Efprit, cette Grace, et cetteVérité à laquelle je vous ai exhorté à faire attention, toutefois qu'elle paroîtra et fe manifeftera en vous, cet Efprit par qui toutes chofes ont été faites au commencement, et de qui les hommes ont reçu la Lumière qui devoit les fauver ; eft la grande Lumière de Pythagore, et fon fel des fiecles ; l'ame divine d'Anaxagoras ; le bon Génie de Socrate ; le principe non engendré, et l'auteur de toute lumière de Timæus ; le Dieu

H

qui, dit Hiéron, eft dans l'homme;
le principe éternel, ineffable, et
parfait de Platon; le Créateur et
le Père de tous les êtres fuivant
Zénon; la racine de l'ame, fuivant
Plotin. Et ces fages qui apelloient
ainfi le verbe éternel, ne manquoient
pas de termes expreffifs pour dé-
crire la manière dont il fe fait fentir aux hommes : Un Dieu domef-
tique, ou un Dieu au dedans de l'-
homme, difent Hiéron, Pythagore,
Epiététe, Sénèque; un Génie un
Ange ou un Guide, difent Socrate et
Timæus; la Lumière et l'Efprit de
Dieu, dit Platon; le Principe divin
qui eft dans l'homme dit Plotin; le
Pouvoir et la Raifon divine, la Loi
immortelle et infaillible de l'âme des
hommes, dit Philon; la Loi et la
Règle vivante de l'Efprit, le Guide
intérieur de l'âme, et le Fondement
éternel de la vertu, dit Plutarque.
Enfin, vous trouverez cet objet plus
amplement traité dans la première

partie du Quaker Chrétien, et dans la refutation de l'Athéifme, par le Dr. Cudworth. Ces payens font du nombre de ces vertueux Gentils, dont parle l'apôtre, Rom. ii. 13, 14, 15. " Qui, quoique la loi ne leur eût point été donnée comme elle avoit été donnée aux Juifs, avec tous les autres fecours extérieurs, fefant naturellement les chofes qui font de la loi, et n'ayant point la loi, étoient loi à eux-mémes."

GUILLAUME PENN.

F I N I S.

www.ingramcontent.com/pod-product-compliance
Lightning Source LLC
Chambersburg PA
CBHW030627270326
41927CB00007B/1344